'제2외국어 단어장 선택의 절대기준!'

제2외국어 전공 교수님들이 말하는
'좋은 단어장 선택 요령!'
(이런 단어장은 절대 피하세요!)

1. 먼저 목차를 비교하십시오!
단지 단어에서 끝나는 단어장은 '부담'만 남습니다!

단어를 주제별로만 정리해 놓은 단어장은
끝까지 읽어나가는 것 자체가 어렵습니다.

단어를 통해서 문장이 보이고, 문법이 만져지고
그리고 언어가 느껴져야 합니다.

하나의 단어가 가지는 가치에 대한 이해와 납득이
단어학습의 성취효과를 극대화할 수 있습니다!

2. 품사별로도 정리되어 있는지 보십시오!
배려 없는 구성의 사전식 단어장은 '스트레스'입니다!

'단어장이라고 단어만 나열해 놓으면 어쩌란 말입니까?'

가장 먼저 필요한 단어가 무엇이고,
단어를 활용할 수 있는 최소한의 문법은 무엇이고,
당장 단어만으로도 외국어를 말할 수 있는 장치와 구성이 없다면,
이것이야말로 '배려를 무시한 무정한 단어장'입니다.

The vocabularies, the most frequently used words will **be with you!**

외국어 첫걸음 학습자를 위한
완전히 새로운 단어 학습법!

국가대표
독일어
단어정복자

**START LEARNING WORDS
WITH THE POWERFUL METHODS!**

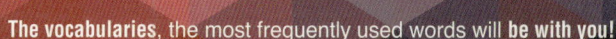

국가대표 독일어 단어정복자

저자_ 서우석

1판 1쇄 인쇄_ 2015. 11. 25.
1판 1쇄 발행_ 2015. 11. 30.

발행처_ 북커스베르겐
발행인_ 신은영

등록번호_ 제313-2009-217호
등록일자_ 2009. 10. 6.

주소_ 경기도 고양시 일산동구 무궁화로 11 한라밀라트 B동 215호
전화_ 02) 722-6826   팩스_ 031) 911-6486

저작권자 ⓒ 2015 서우석
이 책의 저작권은 저자에게 있습니다. 저자와 출판사의 사전 허락 없이
내용의 전체 또는 일부를 인용하거나 발췌하는 것을 금합니다.

COPYRIGHT ⓒ 2015 by Seo, Woo Suk
All rights reserved including the rights of reproduction
in whole or in part in any form. Printed in KOREA.

값은 표지에 있습니다.
ISBN 978-89-97343-18-8 (13750)

「이 도서의 국립중앙도서관 출판시도서목록(CIP)은 서지정보유통지원시스템 홈페이지
(http://seoji.nl.go.kr)와 국가자료공동목록시스템(http://www.nl.go.kr/kolisnet)에서
이용하실 수 있습니다. (CIP제어번호: CIP2015030903)」

이메일_ bookersbg@naver.com

북커스베르겐은 **옥당**의 외국어 출판브랜드입니다.

3. 예문이 쉬운지 확인하십시오!

예문이 불친절한 단어장, 그냥 '지뢰밭'입니다!

기초 수준 이상의 '예문'은 학습자를 당혹하게 만듭니다. 배우지도 않은 문법의 예문이 곳곳에 깔려 있는 단어장은 학습자의 학습 진행을 막는 발목지뢰입니다.

고개가 저절로 끄덕여지는 단어장, 단어에서 문장으로 그리고 회화까지 만만해 보이기 시작하면, 여러분의 다국어 단어학습, 제대로 진행되고 있다는 뜻입니다!

It's a completely new way to **learn foreign language vocabulary** fast and easy.

{ '국가대표 제2외국어 단어정복자'의 진심! }

당어장이라고 무턱대고 단어만 주르륵 나열해 놓은 불친절한 책들!
사전과 별반 다르지 않은 구성으로
학습자의 진을 쭉쭉 빼버리는 고딴 책들!
과감하게 사절합니다!

단어가 곧 문장이 되고 회화가 되며,
외국어의 본질을 이해할 수 있도록 친절하게 도와줄 수 있어야
진정한 단어장이고, 단어를 정복할 수 있는 진짜 도우미입니다.

{ '국가대표 제2외국어 단어정복자'의 본심! }

단어만으로도 독일어의 본질적인 구조를 파악할 수 있도록 준비했습니다.
단어가 준비되면 곧바로 독일어 문법 학습을 시작하거나,
간단하면서도 자주 사용하는 표현들을 말할 수 있습니다.

문장이나 회화는 하나의 단어에서 시작합니다.
단어 하나만으로도 외국어 회화가 될 수 있습니다.
단어 하나가 문장이 되고, 곧바로 의사소통이 될 수 있는
방법을 담았습니다.

Start learning a language with the powerful methods!

{ '국가대표 제2외국어 단어정복자'의 경쟁력! }

Conquer them all!

얼마나 많은 단어를 아느냐보다는 알고 있는 단어를 얼마나 잘 활용하느냐가 중요합니다. 친근한 단어들과 함께 외국어에 제대로 접근하는 것, 바로 이것이 여러분의 '결정적 다국어 경쟁력'입니다!

단어정복자,
외국어 첫걸음 학습을 위한 완전히 새로운 제안입니다!

국가대표 제2외국어 단어장의 효과적 학습을 위한 학습방법!

❷ p2-1-02　**haben** ❶
　　　　　[하벤] 가지다
❸

❶ 단어 위에 펜으로 직접 써보기!
❷ MP3 일련번호로 검색해서 바로바로 듣기!
❸ 공부한 단어 체크하기!

It's a completely new way to **learn foreign language vocabulary** fast and easy.

It's a completely new way to **learn foreign language vocabulary** fast and easy.

Part 0. 워밍업 섹션
Warming Up Section
- 사람 이름으로 알파벳과 발음법을 끝내자!

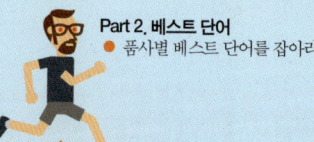

Part 2. 베스트 단어
- 품사별 베스트 단어를 잡아라!

| Part 0 | Part 1 | Part 2 | Part 3 |

Part 1. 초핵심 단어
- 핵심 단어는 바로 이것이다!

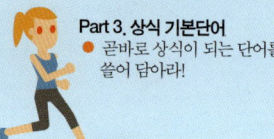

Part 3. 상식 기본단어
- 곧바로 상식이 되는 단어를 쓸어 담아라!

{ 국가대표 제2외국어 단어장의
효과적 학습을 위한 학습순서! }

1) Go Part 0!
완전 생초보라면 **Part 0**(워밍업섹션)부터 시작하십시오!

외국인 이름으로 배우는 초간편 알파벳과 발음 학습법이 준비되어 있습니다.
전혀 부담 없이, 순식간에 알파벳과 발음법을 완성할 수 있습니다.

2) Go Part 1!
가장 중요한 핵심단어부터 만나고 싶으면 **Part 1**으로 가십시오!

알파벳과 발음을 이미 알고 있다면 **Part 1**으로 이동하여,
핵심단어들을 만나보십시오!
대표적인 베스트 핵심단어를 모조리 모아놨습니다.

Start learning a language with the powerful methods!

단어정복자,
외국어 첫걸음 학습을 위한
완전히 새로운 제안입니다!

Part 5. 테마 생활단어
● 테마별 단어로 공간을 장악하라!

Part 4 **Part 5**

Part 4. 필수 여행단어
● 필수 여행단어 100개를 챙기자!

배우고 싶은 파트부터 시작!
알고 싶은 파트까지만 학습!
아는 단어만으로도 완벽문장!
한 단어만 가지고도 회화완성!

3) Go Part 2!
기본적인 문법을 만나게 도와주는 단어를 원하신다면 **Part 2**로 가십시오!

품사별로 정리된 베스트 단어를 통해 문법의 짜임새를 파악할 수 있습니다.

4) Go Part 3 or 4!
당장 여행/유학/출장을 떠나신다면
Part 3 또는 **Part 4**로 가십시오!

Part 3는 생활상식용 단어들이 망라되어 있고,
Part 4에는 당장 필요한 여행단어가 준비되어 있습니다.

5) Go Part 5!
테마별로 단어를 학습하려면, 또는 배운 단어로 바로
문장을 만들어보고 싶다면 **Part 5**로 가십시오!

가정/학교/회사/교통/식사/쇼핑/공공기관/편의시설 등
60가지의 테마로 정리되어 있으며,
해당 테마의 필수 명사, 동사, 형용사(부사) 등을 활용하여
작문까지 도전할 수 있습니다.

그리고 부록 1.에서는 간단한 문법 요약표를,
부록 2.에서는 단어활용표를 만나실 수 있습니다.

It's a completely new way to **learn foreign language vocabulary** fast and easy.

● It's a completely new way to **learn foreign language vocabulary** fast and easy.

● **The vocabularies**, the most frequently used words will **be with you!**

Part 0. 워밍업 섹션
독일 사람 이름으로 알파벳과 발음법을 끝내자!

1. 이미 친근한 독일어 알파벳! 018
2. 독일어의 깔끔한 모음! 020
3. 독일어의 특별한 모음! 021
4. 독일어의 이중모음과 복모음! 022
5. 정말 솔직하다, 독일어 자음! 023
6. 짝! 독일어 이중자음! 028

Part 1. 초핵심 단어
독일어 핵심 단어는 바로 이것이다!

1. 독일어 초핵심 단어 5 032
2. 독일어 핵심 단어 10 036
3. 독일어 결정적 한 단어 40 040
   1) 독일어 결정적 한 단어 (인사 표현)
   2) 독일어 결정적 한 단어 (긍정/부정/확인 표현)
   3) 독일어 결정적 한 단어 (칭찬/격려 표현)
   4) 독일어 결정적 한 단어 (명령 표현)
   5) 독일어 결정적 한 단어 (감탄 표현)

Part 2. 베스트 단어
독일어 품사별 베스트 단어를 잡아라!

1. 독일어 동사 베스트 단어 050
   1) 독일어 동사 빅 3 단어
   2) 독일어 동사 베스트 40 단어
   3) 독일어 화법조동사 베스트 6 단어
2. 독일어 명사 베스트 40 단어 063
3. 독일어 형용사 베스트 40 단어 068
4. 독일어 부사 베스트 20 단어 074
5. 독일어 의문사 베스트 10 단어 077
6. 독일어 전치사 베스트 23 단어 078
   1) 독일어 2격전치사
   2) 독일어 3격전치사
   3) 독일어 4격전치사
   4) 독일어 3/4격전치사
   5) 독일어 '전치사 + 관사'의 축약
7. 독일어 접속사 베스트 30 단어 082
   1) 독일어 대등접속사
   2) 독일어 종속접속사
8. 독일어 의성어 베스트 20 단어 086

Start learning a language with the powerful methods!

- You'll get most frequently used **vocabularies**.

Contents 01

단어정복자,
외국어 첫걸음 학습을 위한 완전히 새로운 제안입니다!

Part 3. 상식 기본단어
곧바로 상식이 되는 독일어 단어를 쓸어 담아라!

1. 독일어 상식 기본단어 : 숫자   092
2. 독일어 상식 기본단어 : 시간   096
3. 독일어 상식 기본단어 : 날씨/계절   098
4. 독일어 상식 기본단어 : 요일/월명   102
5. 독일어 상식 기본단어 : 색상/정도   104
6. 독일어 상식 기본단어 : 방향/장소   106
7. 독일어 상식 기본단어 : 상태/형태   108
8. 독일어 상식 기본단어 : 국적   110
9. 독일어 상식 기본단어 : 직업   114
10. 독일어 상식 기본단어 : 신체/기관   118
11. 독일어 상식 기본단어 : 성격/감정   122
12. 독일어 상식 기본단어 : 가축/동물   124
13. 독일어 상식 기본단어 : 과일   126
14. 독일어 상식 기본단어 : 곡물/채소   128
15. 독일어 상식 기본단어 : 지리/지형   130
16. 독일어 상식 기본단어 : 시설/기관   132
17. 독일어 상식 기본단어 : 스포츠   136

Part 4. 필수 여행단어
독일어 필수 여행단어 100개를 챙기자!

1. 독일 필수 여행단어 : 개인정보   142
2. 독일 필수 여행단어 : 공항   143
3. 독일 필수 여행단어 : 호텔   144
4. 독일 필수 여행단어 : 교통   145
5. 독일 필수 여행단어 : 식당   146
6. 독일 필수 여행단어 : 관광   147
7. 독일 필수 여행단어 : 쇼핑   148
8. 독일 필수 여행단어 : 전화/우편/은행   149
9. 독일 필수 여행단어 : 응급상황   150
10. 독일 필수 여행단어 : 문제상황   151

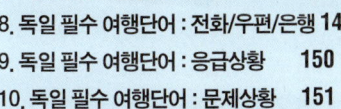

It's a completely new way to **learn** foreign language vocabulary fast and easy.

11

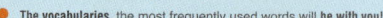

● The vocabularies, the most frequently used words will be with you!

Part 5. 테마 생활단어
테마별 독일어 단어로 공간을 장악하라!

1. 가정 침실에서 필요한 독일어 단어! (기상)   156
2. 가정 화장실에서 필요한 독일어 단어!   160
3. 가정 욕실에서 필요한 독일어 단어!   164
4. 가정 화장대에서 필요한 독일어 단어!   168
5. 가정 드레스룸에서 필요한 독일어 단어!   172
6. 가정 주방에서 필요한 독일어 단어! (1)   176
7. 가정 주방에서 필요한 독일어 단어! (2)   180
8. 가정 주방에서 필요한 독일어 단어! (3)   184
9. 가정에서 요리할 때 필요한 독일어 단어! (1)   188
10. 가정에서 요리할 때 필요한 독일어 단어! (2)   192
11. 가정 가사에서 필요한 독일어 단어! (청소/설거지)   196
12. 가정 가사에서 필요한 독일어 단어! (세탁/다림질)   200
13. 가정 서재에서 필요한 독일어 단어!   204
14. 가정 거실에서 필요한 독일어 단어!   208
15. 가정 샤워실에서 필요한 독일어 단어!   212
16. 가정 침실에서 필요한 독일어 단어! (취침)   216

17. 학교에서 필요한 독일어 단어! (학교제도)   220
18. 학교 교실에서 필요한 독일어 단어! (교실)   224
19. 학교 교실에서 필요한 독일어 단어! (수업)   228
20. 학교 교실에서 필요한 독일어 단어! (과목)   232

- You'll get most frequently used **vocabularies**.

Contents 02

21. 학교에서 필요한 독일어 단어! (대학시설)	236	
22. 학교에서 필요한 독일어 단어! (대학전공)	240	
23. 학교에서 필요한 독일어 단어! (대학수업)	244	
24. 학교에서 필요한 독일어 단어! (대학생활)	248	
25. 학교 도서관에서 필요한 독일어 단어!	252	
26. 학교 체육관에서 필요한 독일어 단어!	256	
27. 회사에서 필요한 독일어 단어! (구직활동)	260	
28. 회사에서 필요한 독일어 단어! (급료)	264	
29. 회사에서 필요한 독일어 단어! (회사의 조직과 직책)	268	
30. 회사에서 필요한 독일어 단어! (회사업무)	272	
31. 회사에서 필요한 독일어 단어! (사무용품)	276	
32. 회사에서 필요한 독일어 단어! (사무기기)	280	
33. 회사에서 필요한 독일어 단어! (컴퓨터 업무)	284	
34. 회사에서 필요한 독일어 단어! (이메일 업무)	288	
35. 회사에서 필요한 독일어 단어! (전화통화)	292	
36. 교통수단 이용에 필요한 독일어 단어! (버스/택시)	296	
37. 교통수단 이용에 필요한 독일어 단어! (기차/지하철)	300	
38. 교통수단 이용에 필요한 독일어 단어! (항공/선박)	304	
39. 교통수단 이용에 필요한 독일어 단어! (주유/주차)	308	
40. 식사를 하려고 할 때 필요한 독일어 단어!	312	
41. 식사할 때 필요한 독일어 단어! (식당)	316	
42. 식사할 때 필요한 독일어 단어! (식탁)	320	
43. 식사할 때 필요한 독일어 단어! (요리)	324	
44. 식사할 때 필요한 독일어 단어! (카페)	328	

It's a completely new way to **learn** foreign language vocabulary fast and easy.

It's a completely new way to **learn foreign language vocabulary** fast and easy.

● **The vocabularies,** the most frequently used words will **be with you!**

Contents 03

45. 쇼핑을 하려고 할 때 필요한 독일어 단어! (쇼핑가)	332	
46. 쇼핑할 때 필요한 독일어 단어! (백화점)	336	
47. 쇼핑할 때 필요한 독일어 단어! (옷가게)	340	
48. 쇼핑할 때 필요한 독일어 단어! (가전매장)	344	
49. 쇼핑할 때 필요한 독일어 단어! (슈퍼마켓)	348	
50. 쇼핑할 때 필요한 독일어 단어! (시장/야채가게)	352	

단어정복자,
외국어 첫걸음 학습을 위한
완전히 새로운 제안입니다!

부록 1.
핵심문법 간편정리! **398**

51. 공공기관에서 필요한 독일어 단어! (구청)	356	
52. 공공기관에서 필요한 독일어 단어! (우체국)	360	
53. 공공기관에서 필요한 독일어 단어! (경찰서)	364	

1. 독일어 인칭대명사
2. 독일어 **sein** 동사
3. 독일어 **haben** 동사
4. 독일어 **werden** 동사
5. 독일어 동사의 인칭변화
6. 독일어 화법조동사
7. 독일어 정관사
8. 독일어 부정관사
9. 독일어 소유대명사
10. 독일어 지시대명사

54. 편의시설에서 필요한 독일어 단어! (은행)	368	
55. 편의시설에서 필요한 독일어 단어! (병원)	372	
56. 편의시설에서 필요한 독일어 단어! (응급실)	376	
57. 편의시설에서 필요한 독일어 단어! (약국)	380	
58. 편의시설에서 필요한 독일어 단어! (영화관)	384	
59. 편의시설에서 필요한 독일어 단어! (콘서트)	388	
60. 편의시설에서 필요한 독일어 단어! (미술관)	392	

부록 2.
주요동사 변화형 정리! **409**

Start learning a language with the powerful methods!

Conquer them all!

Learn foreign language vocabulary

Part 0. 워밍업 섹션
Warming Up Section

독일 사람 이름으로 알파벳과 발음법을 끝내자!

1. 이미 친근한 독일어 알파벳!

2. 독일어의 깔끔한 모음!

3. 독일어의 특별한 모음!

4. 독일어의 이중모음과 복모음!

5. 정말 솔직하다, 독일어 자음!

6. 짝! 독일어 이중자음!

It's a completely new way to **learn foreign language vocabulary** fast and easy.

Part 0. 워밍업 섹션

독일 사람 이름으로 알파벳과 발음법을 끝내자!

"자신 있게 말씀드릴 수 있는 독일어에 대한 진실 한 가지!"

세상에서 가장 빨리 알파벳 읽는 법, 발음법을 익힐 수 있는 언어는 독일어입니다.
일본어도 쉬운 발음으로 알아주는 언어이지만, 배워야 할 음 수의 총량을 비교하면
독일어가 월등히 쉽습니다. 그만큼 빨리 그리고 쉽게 내 것으로 만들 수 있는
독일어 알파벳과 발음법이라는 말씀입니다.

좀 더 인상적이고 부담 없는 독일어 알파벳과 발음법 학습을위해
독일 남녀가 가장 선호하는 이름 베스트 100 리스트를 활용하여 학습해 보겠습니다.
(여러분이 조만간 어차피 만나게 될 독일 사람들의 이름입니다.)
이들의 이름이 여러분의 독일어 발음 공부를 헌신적으로 도와드릴 것입니다.
자! 그러면 지금 바로 시작할까요?

1. 이미 친근한 독일어 알파벳!

'독일어'는 생각보다 우리에게 훨씬 가까이 있습니다.
마음만 먹으면 바로 시작할 수 있는 언어가 바로 독일어입니다.
우리에게 이미 친근한 알파벳이 독일어의 문자입니다.
문자를 알고 있다는 것은 언제든지 본격적으로 시작할 수 있다는 뜻입니다.

독일어의 알파벳과 발음법의 핵심을 최단시간에 정리해 보겠습니다.
학습자 여러분이 가능한 한 빨리 본격적인 단어학습에 돌입하실 수 있도록 준비했습니다.

독일어의 기본 알파벳 (**Das Alphabet**) [다스 알파벳]은 영어의 그것과 똑같습니다.
자! 그러면 알파벳의 이름과 발음값을 알아보겠습니다.
딱! 두 번만 쭉쭉 읽어봐 주십시오. ([괄호] 안은 우리말에 가장 가까운 음가입니다.)

Part 0
워밍업 섹션
독일어 알파벳과 발음법

p0-1-01

A a 아-[ㅏ]	**B b** 베-[ㅂ]	**C c** 체-[ㅊ/ㅆ]
D d 데-[ㄷ/ㅌ]	**E e** 에-[ㅔ]	**F f** 에프[ㅍ]
G g 게-[ㄱ/ㅋ]	**H h** 하[ㅎ/묵음]	**I i** 이-[ㅣ]
J j 요트[ㅣ]	**K k** 카[ㅋ]	**L l** 엘[ㄹ]
M m 엠[ㅁ]	**N n** 엔[ㄴ]	**O o** 오-[ㅗ]
P p 페-[ㅍ]	**Q q** 쿠-[ㅋ]	**R r** 에르[ㄹ]
S s 에스[ㅅ/ㅈ]	**T t** 테-[ㅌ]	**U u** 우-[ㅜ]
V v 파우[ㅂ/ㅍ]	**W w** 베-[ㅂ]	**X x** 익스[크스]
Y y 입실론[ㅣ]	**Z z** 쳇[ㅊ]	

2. 독일어의 깔끔한 모음!

독일어 모음의 기본은 **A a** (아), **E e** (에), **I i** (이), **O o** (오), **U u** (우)입니다.
음가 역시 그대로 [ㅏ], [ㅔ], [ㅣ], [ㅗ], [ㅜ]입니다. 읽는 그대로 발음되는 것이죠.
영어의 **A** 가 [아, 에, 애, 에이, 어...] 등등 광순이 널뛰는 방식으로
종잡을 수 없는 반면, 독일어의 **A** 는 [아] 딱 한 가지로 발음됩니다.
이렇듯 독일어의 알파벳은 기본적으로 하나의 소리를 가집니다.

| p0-2-01 | **Klaudia** 클라우디아 | p0-2-02 | **Karolin** 카롤린 |

독일어 대표 모음의 발음법, 100% 한방에 해결해주는 여자 이름입니다.
(참고적으로 대부분 독일 남자 이름은 자음으로 끝나고,
여자 이름은 모음으로 끝납니다.)
독일어 모음 발음법을 싹 다 정리해 버리는 그야말로 '해결사' 같은 이름들이죠. ^_^
자! 그러면 각각의 모음을 알아볼까요?

p0-2-03	**A a** [아]	**Anna** 안나	p0-2-04	**E e** [에]	**Erik** 에릭
p0-2-05	**I i** [이]	**Ines** 이네스	p0-2-06	**O o** [오]	**Olof** 올로프
p0-2-07	**U u** [우]	**Uli** 울리

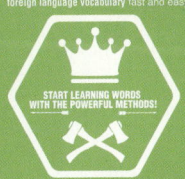   

Part 0
워밍업 섹션
독일어 알파벳과 발음법

3. 독일어의 특별한 모음!

독일어에는 특별한 독일어 모음들이 있습니다.
먼저 모음이 변해서 만들어진 '변모음'입니다.
Ä ä (에), **Ö ö** (외), **Ü ü** (위) 3가지가 있습니다.

소리는 **Ä ä** [ㅔ] (**e** 와 같은 소리), **Ö ö** [ㅚ], **Ü ü** [ㅟ] (반모음 **y** 와 같은 소리)입니다.
다음은 변모음이 들어간 대표적인 독일인의 성씨입니다.

p0-3-01	**Ä ä** [에]	**Bäcker** 베커	p0-3-02	**Ö ö** [외]	**Köller** 쾰러
p0-3-03	**Ü ü** [위]	**Müller** 뮐러			

j (요트)와 **y** (입실론)은 '반모음'입니다.

j 는 [ㅣ]에 해당하며 모음과 결합하면 **ja** [야] (네), **jeder** [예더] (누구나) 하는
식이 됩니다.

y 은 [ㅣ/ㅟ] 발음입니다.

p0-3-04	**J j** [요트]	**Jürgen** 위르겐	p0-3-05	**Y y** [입실론]	**Yvo** 이보

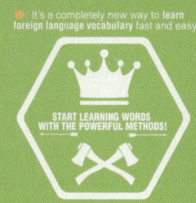

4. 독일어의 이중모음과 복모음!

이중모음 역시 지극히 상식적으로 발음됩니다.
예를 들면 **au** [아우], **ai** [아이] 하는 식이죠.
단! 약간 신경 써서 발음해야 할 이중모음이 있습니다.
ie 는 [이-]로 하나의 소리처럼 길게 발음합니다.
ei / ey 는 [아이]로, **eu / äu** 는 [오이] (속칭 '오이 발음')으로 발음합니다.
(**äu** 의 **ä** 는 **e** 처럼 발음된다고 했으니 결국 **eu** 와 같은 셈이죠.)

| p0-4-01 | **Friedrich** 프리드리히 |

* **ie** [이-]는 이하부터 간단하게 [이]로 표시하겠습니다.

| p0-4-02 | **Einhard** 아인하르트 | p0-4-03 | **Meyer** 마이어 (성씨) |

| p0-4-04 | **Eugen** 오이겐 |

이 정도면 독일어 모음의 핵심은 완벽하게 정리되신 겁니다~!

Part 0

워밍업 섹션
독일어 알파벳과 발음법

5. 정말 솔직하다, 독일어 자음!

독일어가 특히 초박력과의 남성적으로 들리는 이유는 자음 탓이 큽니다.
독일어 발음을 더욱 맛깔나게 만들어 줄 독일어의 자음 발음법,
역시 굉장히 상식적입니다.
덕분에 대략 몇 가지만 정리하면 자음 역시 간단하게 해결할 수 있습니다.
보다 애정이 필요한 자음부터 순서대로 설명하여 드리겠습니다.
나머지 자음은 우리가 이미 알고 있는 음가 그대로기 때문에
따로 설명이 필요 없을 것입니다.

1) **BDG** (베데게)의 두 얼굴!

b (베), **d** (데), **g** (게)는 각각 [ㅂ], [ㄷ], [ㄱ]로 발음됩니다.
단! 단어의 끝에 오면 경음화되어 각각 [ㅍ], [ㅌ], [ㅋ]로 소리납니다.
p (페), **t** (테), **k** (카)처럼 소리 나는 셈이죠.
독일어가 대략 딱딱하게 들리는 결정적인 이유 중 하나입니다.

b (베)	p0-5-01	**Barbara** 바바라	p0-5-02	**Gottlieb** 고트리프
d (데)	p0-5-03	**Diana** 디아나	p0-5-04	**Richard** 리하르트
g (게)	p0-5-05	**Gus** 구스	p0-5-06	**Georg** 게오르크

It's a completely new way to **learn foreign language vocabulary** fast and easy.

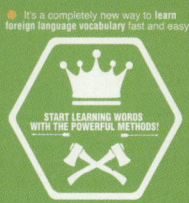

p (페)	p0-5-07	**Peter** 페터
t (테)	p0-5-08	**Torsten** 토어스텐
k (카)	p0-5-09	**Klaus** 클라우스

결국 **b-p**, **d-t**, **g-k** 는 '한통속이다'라고 생각할 수 있습니다.
영어 단어와 비교해 보면 더욱 확실해집니다.
(예 : 영어 **red** = 독어 **rot**)

er/or 은 [ㅓ]로 읽습니다.

2) **S** 의 다양한 능력!

독일어의 자음 **s** 는 2가지로 발음됩니다.
s 다음에 모음이 오면 [ㅈ]로 발음되고, 그밖에 경우는 [ㅅ]로 발음합니다.

p0-5-10	**Sven** 스벤	p0-5-11	**Sabine** 자비네

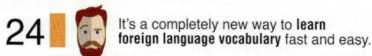

Part 0
워밍업 섹션
독일어 알파벳과 발음법

s (에스)와 다른 자음이 조합된 것들이 있습니다.
sp [슈프], **st** [슈트]가 있는데요,
단어의 중간이나 단어 끝에 올 땐 **sp** [스프], **st** [스트]로도 발음됩니다.

| p0-5-12 | **Spengler** 슈펭글러 | p0-5-13 | **Stefan** 슈테판 |

ß (에스체트)는 **ss** 에 해당하는 독일어 특유의 문자입니다.
단어의 중간이나 단어의 끝에서만 쓰이며 **s** [ㅅ/ㅆ]와 같은 발음입니다.

| p0-5-14 | **Gauß** 가우쓰 | p0-5-15 | **Strauss** 슈트라우쓰 |

그밖에 **sch** [쉬]는 영어의 **sh** 와 같은 발음이고,
s 의 또 다른 조합 형태로 **tsch** [취]도 있습니다.

| p0-5-16 | **Fischer** 피셔 | p0-5-17 | **Deutschland** 도이췰란트 (독일) |

'도이취 (**Deutsch**)의 나라 (**Land**)'라는 뜻의 **Deutschland** 는 독일어 발음법 공부의 완전체입니다. **eu** [오이] 발음이 있고, **tsch** [취] 가 있고 그리고 끝에 **d** 가 [트로 발음되는 것까지 중요한 발음규칙을 3가지나 한꺼번에 알려주고 있기 때문이죠.

3) H (하) 있다가 없기!

단어 첫머리에 오는 h (하)는 [ㅎ] 발음입니다.
그렇지만 단어의 중간이나 단어 끝에 올 때는 묵음,
즉 소리가 나지 않으면서 앞에 있는 모음을 길게 발음하게 만듭니다.

| p0-5-18 | **Heike** 하이케 | p0-5-19 | **Noah** 노아 |

4) Q (쿠), 외로운 건 싫어!

q (쿠)는 단독으로 쓰이지 않고 항상 u 와 함께 쓰이며 [크비]로 소리 납니다.

| p0-5-20 | **Quirin** 크비린 |

Part 0
워밍업 섹션
독일어 알파벳과 발음법

5) 마지막 친구들 V W X Z

독일어 알파벳의 마지막을 장식하고 있는
v (파우), **w** (베), **x** (익스), **z** (쳇)은 영어와 살짝 다른 느낌의 자음들입니다.

V : 먼저 **v** (파우)는 **f** [ㅍ]와 같습니다.
영어의 **father** 와 비교하면 영어와 독일어가 사촌지간이라는 것을
짐작해볼 수 있습니다. (단, 외래어의 경우는 영어처럼 [ㅂ]로 소리 납니다.)

W : 그리고 **w** (베)는 [ㅂ] 소리입니다. **b** 가 입술이 닿는 [ㅂ]라면
w 는 입술이 닿지 않는 [ㅂ]입니다. 그래서 **Wagner** 는 '비그너' 보다는 '봐그녀'라고
발음하는 것이 **b** 와 구별될 수 있습니다. (본서에서는 'ㅂ'로 표기하겠습니다.)

X : **x** (익스) [ks] 발음입니다. 실제 우리말로 표기할 때는 [ㄱㅅ]으로 되죠

Z : **z** (쳇) [ㅊ] 발음입니다. 엄밀히 말하면 [ㅉ]와 [ㅊ]의 중간 정도라고 생각하시면
됩니다. (편의상 [ㅊ]로 표기하겠습니다.)

p0-5-21	**Volker** 폴커	p0-5-22	**Walter** 발터
p0-5-23	**Xaver** 크사버	p0-5-24	**Zilla** 칠라

6. 짝! 독일어 이중자음!

ch (체하)는 독특한 발음법의 소유자입니다. '히' 소리와 '흐' 소리로 구분되는데요, **a, o, u** 뒤에 오면 [흐], 나머지 경우는 [히]로 발음합니다.

| p0-6-01 | **Bach** 바흐 (성씨) | p0-6-02 | **Dietrich** 디트리히 |

ng 는 받침소리 [ㅇ]이며, **nk** 는 [ㅇㅋ]입니다.

| p0-6-03 | **Wolfgang** 볼프강 | p0-6-04 | **Frank** 프랑크 |

이상으로 주요 발음의 소개를 마칩니다.
소소한 발음은 본문부와 MP3 청취/발음 연습자료를 통해
해결하도록 하겠습니다.
본격적으로 Part 1으로 진격!!

독일어 단어 정복을 위한 꿀팁!

1. 영어 단어와 비교하면 더 빠르다!

알고 있는 영어 단어와 비교해보십시오.
상당 수의 단어가 엄청 닮아있음을 확인하게 될 것입니다.
철자가 살짝 다른 것들까지 포함한다면
여러분의 독일어 단어 정복은 가까이 있습니다.

2. 명사는 성과 함께 외우세요!

Folkswagen. Das Auto.
폴크스바겐 자동차 광고의
강렬한 마지막 카피를 기억하십니까?
독일어 명사는 성(남성/중성/여성)이 있습니다.
외우실 때는 반드시 성과 함께 기억하십시오.
그래야 단어를 제대로 활용할 수 있습니다.
(명사의 복수형은 나중에 문법과 함께 공부하시는 것이
보다 효과적이고, 덜 헷갈립니다.)

3. 단어는 문장을 원한다!

단어 학습의 목적은 문장과 회화력을 위해서입니다.
단어를 외울 때는 항상 문장을 생각하십시오.

한 단어로도 충분히 문장이 될 수 있다는 사실을 항상 기억해주십시오!
그래야 단어학습의 의미가 살고, 독일어 실력이 팍! 늡니다.

4. 독일어 발음, 정말 쉽다!

알파벳 철자를 외우는 것보다 소리를 이해하는 것이 훨씬 중요합니다.
쓸 줄은 몰라도 말하고 들을 수 있는 것이 훨씬 중요합니다.
발음은 일련번호로 검색해서 **mp3** 파일을 바로 듣고 따라해주십시오.

* 독일어 발음토 표기에 대하여 :

가능한 현실음에 가깝게 표기하였습니다. 그럼에도 불구하고 원음을 대신할 수는 없습니다.
예를 들어서 동사의 어미 **-en** 은 [엔]으로 표기했지만 [엔]과 [은] 사이의 발음이며, **Z** 또한 [츠]로
표기했습니다만 [츠]와 [찌] 사이의 발음입니다. 이런 자잘한 모든 모호함을 극복하는 방법은
단연코 mp3 파일을 직접 청취하고 이를 통한 연습입니다.

Start learning a language with the **powerful methods!**

Conquer them all!

Learn foreign language vocabulary

Part 1. 초핵심 단어
독일어 핵심 단어는 바로 이것이다!

1. 독일어 초핵심 단어 5

2. 독일어 핵심 단어 10

3. 독일어 결정적 한 단어 40
   1) 독일어 결정적 한 단어 (인사 표현)
   2) 독일어 결정적 한 단어 (긍정/부정/확인 표현)
   3) 독일어 결정적 한 단어 (칭찬/격려 표현)
   4) 독일어 결정적 한 단어 (명령 표현)
   5) 독일어 결정적 한 단어 (감탄 표현)

Part 1. 초핵심 단어
독일어 핵심 단어는 바로 이것이다!

1. 독일어 초핵심 단어 5

우리가 독일어 단어를 공부하는 이유는
결국 독일어를 잘 하기 위함이고,
독일, 독일인 그리고 독일문화를 이해하려는 것에 다름 아닙니다.

때문에 독일어 단어와 친밀해진다는 것은 그만큼 독일어 자체에 대한 이해가
깊어진다는 뜻이기도 합니다.
너무너무 중요한 단어들이니 찬찬히 꼭꼭 짚어 나갈 필요가 있습니다.
단어 하나의 의미에서 그치지 마시고,
이 하나의 단어가 얼마나 다양하게 활용될 수 있는지,
이 단어가 나의 독일어를 위해 어떻게 도와줄지를 상상해 보면서
학습하시는 것이 훨씬 효과적일 것입니다.

이번 파트는 친절한 이야기와 함께 하는 독일어 단어 베스트 5입니다.
독일어의 대표선수급 Top 5에 랭크된 단어들입니다.
국가대표급 독일어 단어 5개를 알면
'독일어의 생김새'를 살짝 엿볼 수 있습니다.
간단한 단어 설명과 함께 여러분께서 독일어와
더욱 친해질 수 있도록 진행됩니다.

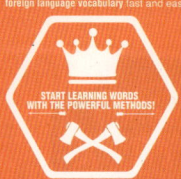  

Part 1
초핵심 단어
독일어 초핵심 단어

1) 첫 번째 독일어 초핵심 단어

p1-1-01
ich
[이히] 나 (인칭대명사)

독일어에서 가장 자주 사용하는 단어는
인칭대명사 **ich** [이히] (나)입니다.
세상의 중심, 모든 존재의 시작점이기에 가장 많이 쓰는 단어가 된 것 같습니다.
영어 I 와 달리 독일어 **ich** 는 문장 중간에 쓰일 때 소문자로 씁니다.
(인칭대명사는 두말할 필요 없이 중요한, 앞으로 여러분이 만드실
독일어 문장의 주인입니다.)

2) 두 번째 독일어 초핵심 단어

p1-1-02
bin ~
[빈] (나는) ~이다 (**sein** 동사)

sein 동사(영어의 **be** 동사)의 1인칭형입니다.
Ich bin ~. [이히 빈 ~.] (나는 ~이다. : 영어의 **I am ~.**)입니다.
영어처럼 독일어 역시 (대부분의 유럽어가 그렇듯이) 인칭대명사에 따른
sein 동사의 인칭별 형태가 모두 다릅니다.
(좀 더 자세한 내용은 'Part 2. 베스트 단어 - 독일어 동사 베스트 -
독일어 동사 빅 3'에서 설명드리겠습니다.)

3) 세 번째 독일어 초핵심 단어

p1-1-03 habe ~
[하베] (나는) ~가지고 있다 (haben 동사)

haben 동사 (영어의 **have** 동사)의 1인칭 형태입니다.
Ich habe ~. [이히 하베 ~.] (나는 ~가지고 있습니다.: 영어의 **I have ~.**)
독일어 동사의 결정적인 특징은 인칭에 따라 동사의 어미가 다르다는 것입니다. 그래서 동사의 모양만 보면 주어를 알 수 있는 장점이 있습니다.
(좀 더 자세한 내용은 'Part 2. 베스트 단어 □ 독일어 동사 베스트 □ 독일어 동사 빅 3'에서 설명드리겠습니다.)

4) 네 번째 독일어 초핵심 단어

p1-1-04 das
[다스] 그 (정관사)

das 는 독일어 정관사 중 하나입니다. (영어의 **the** 에 해당합니다.)
정관사는 명사 앞에 놓여 명사의 '정체'를 밝혀줍니다. 독일어의 명사는 '남성, 여성, 중성' 처럼 3가지 종류의 성으로 구별되며, 항상 대문자로 씁니다.
(**der Vater** [데어 파터] 아버지, **die Mutter** [디 무터] 어머니, **das Kind** [다스 킨트] 아이)
그래서 독일어 명사는 문장 안에서 한눈에 찾고 알아볼 수 있습니다.

Part 1

초핵심 단어
독일어 초핵심 단어

(독일어 정관사와 단박에 친해질 수 있도록 정리한 독일어 정관사 표는 부록 1.에 마련되어 있습니다.)

5) 다섯 번째 독일어 초핵심 단어

p1-1-05 ein
[아인] 하나의/어떤 (부정관사)

ein 은 독일어 부정관사 중 하나입니다. (영어의 **a/an** 에 해당합니다.) 정관사처럼 부정관사 역시 명사 앞에 놓여 명사의 '정체'를 밝혀줍니다. 독일어의 부정관사는 성과 격에 따라 모두 12가지가 있습니다.

(**ein Vater** [아인 파터] 아버지, **eine Mutter** [아이네 무터] 어머니, **ein Kind** [아인 킨트] 아이)

(독일어 부정관사와 곧바로 친해질 수 있도록 정리한 독일어 부정관사 표는 부록 1.에 마련되어 있습니다.)

2. 독일어 핵심 단어 10

독일어가 맛깔스러워지는 독일어 핵심 단어 10을 만나보십시오!

이번 코너에서 소개해 드릴 단어들은 문장 또는 일상회화에서
보다 더 어감을 살리고, 때로는 추임새가 되는
깨소금 같은 단어들입니다.

다음에 소개해 드릴 단어들은 문장 안에서 뜻을
좀 더 구체적으로 나타내기도 하지만,
독립적으로는 간단한 대답으로도 자주 사용됩니다.

예를 들어 상대가 '맥주 좋아해?'라고 물으면 **Sehr.** [제어.] (아주. - 좋아해.)라고
한다거나 또는 '맥주 마실래?' 하면 **Gern.** [게른.] (기꺼이. - 마실래.)라고 대답하는 방식입
니다. 그렇기 때문에 어감에 대한 이해가 중요한 단어들이기도 합니다.

Start learning a language with the powerful methods!

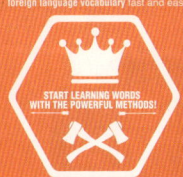

Part 1
초핵심 단어
독일어 초핵심 단어

자! 그러면 독일어 핵심 단어 10, 시작해 볼까요~!

p1-2-01 ja
[야] 네/응

Ja. (네/응/그래.)는 긍정의 대답입니다.
Ja? 라고 끝을 올려 물으면 '그래?'라는 어감으로도 말할 수 있습니다.
'너 학생이니?'라고 물으면 '응, 나는 학생이야.'
또는 간단히 '응.', **Ja.** [야.] 하는 식이죠.

p1-2-02 nein
[나인] 아니오/아니

Nein. (아니/아니오.)는 부정의 대답입니다.
'너 학생이니?'라고 물을 때 '아니.' **Nein.** [나인.] 하면 되겠죠.

p1-2-03 nicht
[니히트] 아니다

nicht 는 부정을 나타낼 때 사용합니다.
nicht 의 위치는 기본적으로 부정할 대상 바로 앞입니다.

It's a completely new way to **learn** foreign language vocabulary fast and easy.

It's a completely new way to **learn foreign language vocabulary** fast and easy.

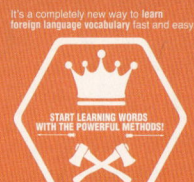

p1-2-04 und
[운트] 그리고

und 는 가장 대표적인 대등접속사입니다.
대화 중에 **Und?** 하며 끝을 올리면 '그리고 또 뭐?'라는 느낌의 물음입니다.
(대등접속사 : 접속사를 중심으로 좌우가 대등한 요소로 이루어지는 연결어)

p1-2-05 aber
[아버] 그러나

aber 역시 대표적인 대등접속사입니다.
aber 는 좌우 대비가 되는 역접사입니다. 대화 중에 **Aber** …하고 말끝을 흐리면
'그렇지만…' 하면서 변명의 여지를 남깁니다.

p1-2-06 oder
[오더] 혹은/또는

oder 또한 대표적인 대등접속사로써 좌우 선택을 나타낼 때의 접속사입니다.
대화 중에 **Oder?** 하고 물으면 '그렇지 않으면 다른?'의 의미로 사용됩니다.

p1-2-07 so
[조] 그렇게/그래서/그러면

es 는 중성의 인칭대명사이기도 하고, 영어의 **it** (비인칭주어)의 기능도 있습니다.
독일인들이 자주 터뜨리는 감탄사 **Ach so!** [아흐 조!] 는 '아, 그래!'라는 뜻입니다.
Es ist so. [에스 이스트 조.] (그게 그래.)

Start learning a language with the powerful methods!

Part 1
초핵심 단어
독일어 초핵심 단어

p1-2-08 schon
[숀] 이미

종종 일상회화에서 '~을 했니?'라는 질문에 대한 대답으로 **Ich habe schon ~.** [이히 하베 숀 ~.] (난 이미 ~했어.)라고 합니다. (**haben** 동사에 대해서는 다음 Part 에서 자세히 설명 드립니다.)

p1-2-09 noch
[노흐] 아직

noch 역시 '~을 했니?'라는 물음에 대한 부정의 답으로 **Nein, noch nicht.** [나인, 노흐 니히트.] (아니, 아직 아니야.)라고 말합니다. **Noch nicht.** (아직 아니다.)

p1-2-10 da
[다] 여기/거기/그때/때문에

'누가/무엇이 있다/없다.'라고 할 때 자주 씁니다. **Ich bin da.** [이히 빈 다.] (나 여기 있어.), **Bist du da?** [비스트 두 다?] (너 거기 있니?), **Er ist nicht da.** [에어 이스트 니히트 다.] (그는 거기 없어.) 등으로 표현합니다.

지금까지 Part 1을 통해서 학습자 여러분께서는 적어도 독일어의 가장 중요한 요소인 '인칭대명사' 와 '**sein**' 동사와 충분히 친해질 수 있게 되었습니다.
독일어 단어 공부가 동시에 독일어 문법과 독일어 회화를 가능하게 하는 것이 본서의 핵심이며 목표입니다. 찬찬히 그리고 꼼꼼히 함께 하시면 충분히 성공할 수 있습니다.

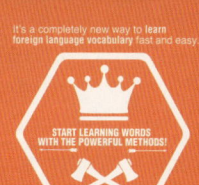

3. 독일어 결정적 한 단어 40

단어 하나가 곧바로 문장이 될 수 있는 결정적인 독일어 단어들이 있습니다.
가장 경쟁력 있는 결정적 독일어 단어 40개를 준비했습니다.
이제 드디어 여러분의 독일어가 40가지 상황을 완벽하게 해결해줍니다!

1) 독일어 결정적 한 단어 (인사 표현)

p1-3-01 Hallo.
[할로] 안녕.

처음 만났을 때 인사 또는 '여보세요?'로도 사용합니다.

p1-3-02 Tschüss.
[취쓰] 안녕.

헤어질 때 하는 인사입니다.

p1-3-03 Gesundheit.
[게준트하이트] 건강하세요.

모르는 사람이 옆에서 재채기를 하더라도 하더라도 건넬 수 있는 인사입니다.

Part 1
초핵심 단어
독일어 초핵심 단어

p1-3-04 Danke.
[당케] 고맙습니다.

감사의 인사로 독일어를 대표하는 단어 중 하나입니다.

p1-3-05 Entschuldigung.
[엔출디궁] 실례합니다.

실례 또는 상대에게 말을 걸려고 할 때 사용하는 표현입니다.

p1-3-06 Bitte.
[비테] 괜찮습니다. / 부탁합니다.

부탁에서 겸양표현까지 다양하게 사용할 수 있습니다. 의자를 가리키며 **Bitte.** 하면 '앉으십시오.'라는 뜻도 되는 영어의 **Please.** 와 같은 표현입니다.
한편 **Bitte?** 하고 물으면 '뭐라고 말씀하셨죠?'라는 뜻이 됩니다.

2) 독일어 결정적 한 단어 (긍정/부정/확인 표현)

p1-3-07 Ja.
[야] 네/응.

Ja? 하면 '그래/그렇니?' 하며 묻는 말이 됩니다.

Nein.
[나인] 아니오/아니야.

Nein? 하면 '아니야? / 아니라구?' 하며 되묻는 표현입니다.

Richtig.
[리히티히] 옳지/맞아.

긍정의 표현이며, '맞아.'라며 맞장구를 칠 때 사용할 수 있습니다.

Falsch.
[팔쉬] 틀렸어.

Stimmt.
[슈팀트] 그렇지/맞아.

Genau.
[게나우] 그렇지/ 딱이야/맞아.

Part 1
초핵심 단어
독일어 초핵심 단어

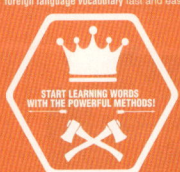

p1-3-13 Unsinn!
[운진!] 말도 안돼!

p1-3-14 Echt?
[에히트?] 정말?

p1-3-15 Ehrlich?
[에를리히?] 진심이야?

p1-3-16 Unglaublich!
[운글라우블리히!] 믿을 수 없어/못 믿겠는데!

p1-3-17 Sicher?
[지허?] 확실해?

대답할 때는 **Ja, sicher.** [야, 지허.] (응, 확실해.) 하면 됩니다.

p1-3-18 Natürlich.
[나튀얼리히] 물론이지.

p1-3-19 Egal.
[에갈] 괜찮아/상관없어.

Mir ist egal. [미어 이스트 에갈.] (난 괜찮아.)의 축약표현입니다.

3) 독일어 결정적 한 단어 (칭찬/격려 표현)

p1-3-20 Gut!
[굿!] 좋아요!

p1-3-21 Super!
[주퍼!] 대단해요!

p1-3-22 Toll!
[톨!] 대단해요.

p1-3-23 Wunderbar!
[분더바!] 놀라워요!

Part 1
초핵심 단어
독일어 초핵심 단어

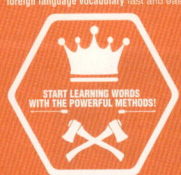

p1-3-24 Prima!
[프리마!] 최고예요!

p1-3-25 Perfekt!
[페르펙트!] 완벽해요!

p1-3-26 Prost!
[프로스트!] 건배!

4) 독일어 결정적 한 단어 (명령 표현)

p1-3-27 Herein.
[헤라인.] 들어오세요.

p1-3-28 Hier.
[히어.] 여기요.

식당에서 종업원을 부를 때도 씁니다.

p1-3-29 Hilfe!
[힐페!] 도와줘요/살려줘요!

긴급한 상황에서 구조가 필요할 때의 외침입니다.

p1-3-30 Achtung!
[아흐퉁!] 주의/주목!

p1-3-31 Vorsicht!
[포어지히트!] 조심해!

p1-3-32 Heraus!
[헤라우스!] 나가!

p1-3-33 Verschwinde!
[페어슈빈데!] 꺼져!

심한 표현입니다. 주의해서 사용해야 합니다.

5) 독일어 결정적 한 단어 (감탄 표현)

p1-3-34 Autsch!
[아우치!] 아얏!

다쳤을 때 지르는 비명.

p1-3-35 Au!
[아우!] 아야!

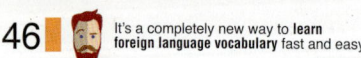

Part 1
초핵심 단어
독일어 초핵심 단어

아플 때 내는 소리.

p1-3-36 **Ah!**
[아!] 아 (그래)!

p1-3-37 **Juchu!**
[유후!] 유후!

p1-3-38 **Mm…**
[음..] 음…

뭔가 생각할 때, 대답을 주저할 때 사용합니다.

p1-3-39 **Verdammt!**
[페어담트!] 젠장!

같은 뜻으로 자주 사용하는 **Mist!** [미스트!] (젠장!)도 있습니다.

p1-3-40 **Scheiße!**
[샤이쎄!] 똥이다!

욕설 표현입니다. 정말 많이 사용하는 표현으로
'이런 빌어먹을!'에서 'X발'까지 포함하는 '독일 국민욕'입니다.

Start learning a language with the **powerful methods!**

Conquer them all!

Learn foreign language vocabulary

Part 2. 베스트 단어
독일어 품사별 베스트 단어를 잡아라!

1. 독일어 동사 베스트 단어
   1) 독일어 동사 빅 3 단어
   2) 독일어 동사 베스트 40 단어
   3) 독일어 화법조동사 베스트 6 단어

2. 독일어 명사 베스트 40 단어

3. 독일어 형용사 베스트 40 단어

4. 독일어 부사 베스트 20 단어

5. 독일어 의문사 베스트 10 단어

6. 독일어 전치사 베스트 23 단어
   1) 독일어 2격전치사
   2) 독일어 3격전치사
   3) 독일어 4격전치사
   4) 독일어 3/4격전치사
   5) 독일어 '전치사 + 관사'의 축약

7. 독일어 접속사 베스트 30 단어
   1) 독일어 대등접속사
   2) 독일어 종속접속사

8. 독일어 의성어 베스트 20 단어

Part 2. 베스트 단어
독일어 품사별 베스트 단어를 잡아라!

1. 독일어 동사 베스트 단어

1) 독일어 동사 빅 3 단어

베스트 오브 베스트! 독일어 동사 딱 3개만 챙기라고 한다면,
바로 이 동사들! **sein**, **haben**, **werden**.

거두절미하고 전체 독일어 동사 중에서 딱 3개만 챙기라고 한다면,
그것은 바로 **sein**, **haben** 그리고 **werden** 동사입니다.
독일어 문법에서 차지하고 있는 비중으로나
일상적인 회화의 사용빈도에 있어서 중요한 정도가 워낙 독보적인 동사들입니다.

독일어 동사의 가장 큰 특징은 인칭별로 동사의 모양이 달라진다는 것입니다.
동사는 '어간+어미(**-en**)'로 이루어져 있고, 어미 부분이 변화를 하게 됩니다.
이때 어미가 일정한 규칙으로 변하면 '규칙동사',
그렇지 않으면 '불규칙 동사'라고 합니다.
독일어 동사의 80%는 규칙동사입니다.

다음에 소개할 빅 3 동사는 모두 불규칙동사입니다.
영어의 **be** 동사를 연상해 보시면 좋겠습니다.

Part 2
베스트 단어
독일어 품사별 베스트 단어

---

p2-1-01 sein
[자인] ~이다

sein 동사는 영어의 **be**동사와 같습니다.
'~이다'라는 뜻 이외에도 완료시제를 만들 때 쓰는 시제조동사이기도 합니다.

p2-1-02 haben
[하벤] 가지다

haben 동사는 영어의 **have** 동사와 같습니다.
'~가지다'라는 뜻 이외에도 **sein** 동사처럼 완료시제를 만들 때 쓰는 시제조동사이기도 합니다.

p2-1-03 werden
[베르덴] ~이 되다

werden 동사는 '~이 되다'라는 뜻입니다.
아울러 미래시제를 만드는 시제조동사이기도 하고 수동태를 만들 때 필요한 동사입니다.

2) 독일어 동사 베스트 40 단어

이번 Chapter 에서는 일상생활에서 가장 자주 사용하는
독일어 동사 Best 40가지를 소개해 드리겠습니다.
중요한 생활 행위를 총망라한 동사 그룹이 되겠습니다.
앞으로 만나시게 될 동사 40가지는
여러분의 독일어 소통을 알차게 도와드릴 것입니다.

독일어 동사는 말씀드린 것처럼 동사는 '어간+어미(**-en**)'로 구성되며,
인칭에 따라 모양이 변합니다. (문법적으로는 '어미활용'이라고 합니다.)
대부분의 독일어 동사는 일정한 규칙에 의해 변화를 합니다.
('규칙동사'라고 부릅니다.)

몇몇 동사들은 불규칙적으로 변화하며
거의 대부분 단수 2인칭과 3인칭의 어간 모음이 변합니다.
(사실 변화의 패턴이 있기 때문에 엄밀히 따지면 불규칙도 아닙니다.)

(독일어 동사는 변화하는 방식에 따라 규칙/불규칙/혼합변화 동사 등으로
구분할 수 있고, 성격에 따라서 일반동사 / 화법조동사 / 재귀동사(행위가 자신에게 되돌
아가는 동사)/ 분리동사(동사의 접두어(전철)이 분리되는 동사) 등으로
나눌 수 있습니다.)

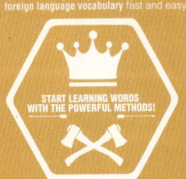

Part 2
베스트 단어
독일어 품사별 베스트 단어

독일어의 인칭별 동사어미 변화는 다음과 같습니다.

ich -e	wir 동사원형
du -st	ihr -(e)t
er / sie / es -t	sie (Sie) 동사원형

자! 패턴을 분석해 보면, 독일어 동사의 원형을 안다는 것은
복수 1인칭, 3인칭, 존칭의 모양이 자동적으로 해결된다는 뜻이 됩니다.
3가지 인칭형태를 이미 알고 있는 셈인 것이죠.
여기에서 조금 더 나아가서 단수 1인칭은 어간에 **-e** 만 붙여주면 되고,
복수 2인칭은 어간에 **-t** 만 붙여주면 됩니다.

신경써야 할 부분이 바로 단수 2인칭과 3인칭인데요,
단수 2인칭에는 **-st**, 단수 3인칭에는 어간에 **-t** 를 붙여주면 됩니다.
이때 만약 불규칙동사일 경우에는 단수 2/3인칭에서 어간 모음이
바뀌게 되는데 별도로 기억을 해두셔야 합니다.

불규칙 동사는 전체 독일어 동사의 20%밖에 안되지만
자주 사용하는 동사들이 일부 포진해 있습니다.
나올 때마다 체크하시면 되겠습니다.

It's a completely new way to **learn foreign language vocabulary** fast and easy.

 다음의 독일어 주요 동사 40가지는 단수 2인칭과 3인칭형을 주어와 함께 표시했습니다.
나머지 인칭은 거의 자동적으로 해결되기 때문에 문제 없으실 것입니다.

(독일어 동사 베스트 40은 알파벳 순으로 정리됩니다.)

antworten
p2-1-04
[안트보르텐] 대답하다　　　du antwortest / er antwortet

arbeiten
p2-1-05
[아르바이텐] 일하다　　　du arbeitest / er arbeitet

bedeuten
p2-1-06
[베도이텐] 의미하다　　　du bedeutest / er bedeutet

beginnen
p2-1-07
[베긴넨] 시작하다　　　du beginnst / er beginnt

besuchen
p2-1-08
[베주헨] 방문하다　　　du besuchst / er besucht

Part 2
베스트 단어
독일어 품사별 베스트 단어

p2-1-09 **bleiben**
[블라이벤] 머물다/남다   du bleibst / er bleibt

p2-1-10 **danken**
[당켄] 감사하다   du dankst / er dankt

p2-1-11 **denken**
[뎅켄] 생각하다   du denkst / er denkt

p2-1-12 **essen**
[에쎈] 먹다   du isst / er isst

p2-1-13 **fahren**
[파렌] 운전하다/타고 가다   du fährst / er fährt

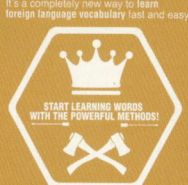

 (독일어 동사 베스트 40은 알파벳 순으로 정리됩니다.)

p2-1-14
finden
[핀덴] 찾다　　　　　du findest / er findet

p2-1-15
fragen
[프라겐] 묻다　　　　du fragst / er fragt

p2-1-16
geben
[게벤] 주다　　　　　du gibst / er gibt

p2-1-17
gehen
[게엔] 가다　　　　　du gehst / er geht

p2-1-18
helfen
[헬펜] 돕다　　　　　du hilfst / er hilft

Part 2

베스트 단어
독일어 품사별 베스트 단어

---

p2-1-19 heißen
[하이쎈] 불리다/부르다 — du heißt / er heißt

p2-1-20 hören
[회렌] 듣다 — du hörst / er hört

p2-1-21 kaufen
[카우펜] 사다 — du kaufst / er kauft

p2-1-22 kommen
[콤멘] 오다 — du kommst / er kommt

p2-1-23 lesen
[레젠] 읽다 — du liest / er liest

It's a completely new way to **learn foreign language vocabulary** fast and easy.

(독일어 동사 베스트 40은 알파벳 순으로 정리됩니다.)

p2-1-24
lieben
[리벤] 사랑하다   du liebst / er liebt

p2-1-25
machen
[마헨] 하다/만들다   du machst / er macht

p2-1-26
nehmen
[네멘] 잡다/먹다/취하다   du nimmst / er nimmt

p2-1-27
öffnen
[외프넨] 열다   du öffnest / er öffnet

p2-1-28
reisen
[라이젠] 여행하다   du reist / er reist

Part 2
베스트 단어
독일어 품사별 베스트 단어

---

sagen
[자겐] 말하다 — du sagst / er sagt

schlafen
[슐라펜] 자다 — du schläfst / er schläft

schreiben
[슈라이벤] 쓰다 — du schreibst / er schreibt

sehen
[제엔] 보다 — du siehst / er sieht

senden
[젠덴] 보내다 — du sendest / er sendet

(독일어 동사 베스트 40은 알파벳 순으로 정리됩니다.)

singen
p2-1-34
[징엔] 노래하다　　du singst / er singt

spielen
p2-1-35
[슈필렌] 놀다　　du spielst / er spielt

sprechen
p2-1-36
[슈프레헨] 말하다　　du sprichst / er spricht

suchen
p2-1-37
[주헨] 찾다　　du suchst / er sucht

trinken
p2-1-38
[트링켄] 마시다　　du trinkst / er trinkt

Part 2
베스트 단어
독일어 품사별 베스트 단어

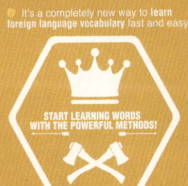

p2-1-39
verstehen
[페어슈테엔] 이해하다
du verstehst / er versteht

p2-1-40
warten
[바르텐] 기다리다
du wartest / er wartet

p2-1-41
wissen
[비쎈] 알다
du weißt / er weiß

p2-1-42
wohnen
[보넨] 지내다/살다
du wohnst / er wohnt

p2-1-43
zeigen
[차이겐] 보여주다
du zeigst / er zeigt

3) 독일어 화법조동사 베스트 6 단어

'화법조동사'란 '말하는 방법을 도와주는 동사'라는 뜻입니다.
말의 뉘앙스를 좀 더 구체적으로 살려주는 것이 바로 화법조동사입니다.
영어의 **can**, **must**, **will**, **shall** 등과 똑같은 것입니다.
화법조동사 역시 동사의 일종이기 때문에 인칭에 따른 동사의 어미변화를 합니다.
독일어 화법조동사는 다음의 6가지가 대표적입니다.

p2-1-44 **können** [켄넨] ~할 수 있다 (가능)

p2-1-45 **müssen** [뮈쎈] ~해야만 한다 (의무)

p2-1-46 **wollen** [볼렌] ~할 것이다 (의지)

p2-1-47 **sollen** [졸렌] ~해야 한다 (당위)

p2-1-48 **dürfen** [뒤르펜] ~해도 된다 (허가)

p2-1-49 **mögen** [뫼겐] ~이 좋다 (기호)

독일어 화법조동사 역시 다른 동사와 마찬가지로
'어간+어미(-**en**)'로 구성되어 있으며, 인칭에 따라 모양이 변합니다.
화법조동사의 인칭변화에도 일정한 패턴이 있습니다.
조금만 신경 쓰면 간단히 해결할 수 있습니다.

화법조동사는 지금까지 여러분이 알게 된 독일어 동사표현을
한 번에 6배로 확장시켜주는 진정한 도우미 동사입니다.
(독일어 화법조동사의 인칭별 어미 변화 표는 부록1.에 마련되어 있습니다.)

Part 2

베스트 단어
독일어 품사별 베스트 단어

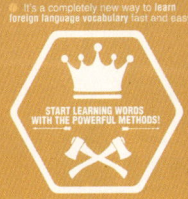

2. 독일어 명사 베스트 40 단어

명사는 문장의 주체가 되기도 객체가 되기도 하는 대상입니다.
독일어의 명사는 특이하게도 성별이 있습니다. (남성 **m** /여성 **f** /중성 **n**)
그리고 문장에서의 역할에 따른 격이 있습니다. (주격 / 소유격 / 여격 / 목적격)
(주격은 1격이라고도 하며 '~은/는/이/가'로 해석됩니다. 소유격은 2격 '~의',
여격은 3격 '~에게', 목적격은 4격 '~을/를'로 해석합니다.)
그리고 단수/복수로 수를 나타낼 수 있습니다.
그래서 독일어의 명사는 부정관사/정관사와 밀접한 관계를 가집니다.
명사의 다양한 정보를 관사가 알려주기 때문이죠.

명사의 성 구분과 관련해서 절대적인 규칙이 있는 것이 아니어서
그때그때 암기하는 것이 방법입니다. 다만 기본적으로 '자연성'을 따르기 때문에
'아버지는 남성명사, 어머니는 여성명사 …' 하는 식으로 예측이 가능하며,
-heit, -keit, -schaft, -ung, -tion 등과 같은 어미로 끝나면 대부분 '여성명사'임을
알 수 있습니다. (독일어 명사는 문장에서 첫글자를 항상 대문자로 씁니다.)

일상에서 가장 자주 만나는 가족/친지 관련 명사 베스트 40가지를 준비했습니다.

Er ist mein ~. [에어 이스트 마인 ~.] (그는 나의 ~이다.),
Sie ist meine ~. [지 이스트 마이네 ~.] (그녀는 나의 ~이다.),
Es ist mein ~. [에스 이스트 마인 ~.] (그것은 나의 ~이다.)처럼 활용하시면 됩니다.

(**mein-meine** [마인-마이네] '나의'는 '소유대명사'입니다.)

It's a completely new way to **learn foreign language vocabulary** fast and easy.

일상에서 가장 자주 만나는 가족/친지 관련 명사
베스트 단어 40가지를 준비했습니다.

| p2-2-01 | **die Familie** [파밀리에] 가족 | p2-2-02 | **das Familienmitglied** [파밀리엔밋글리트] 가족구성원 |

p2-2-01 **die Familie** [파밀리에] 가족

p2-2-02 **das Familienmitglied** [파밀리엔밋글리트] 가족구성원

p2-2-03 **der Vater** [파터] 아버지

p2-2-04 **die Mutter** [무터] 어머니

p2-2-05 **der Vati** [파티] 아빠

p2-2-06 **die Mutti** [무티] 엄마

p2-2-07 **der Sohn** [존] 아들

p2-2-08 **die Tochter** [토흐터] 딸

p2-2-09 **der Bruder** [브루더] 형/오빠

p2-2-10 **die Schwester** [슈베스터] 누나/여동생

Start learning a language with the **powerful methods!**

Part 2
베스트 단어
독일어 품사별 베스트 단어

| p2-2-11 | **der Großvater** [그로쓰파터] 할아버지 | p2-2-12 | **die Großmutter** [그로쓰무터] 할머니 |

| p2-2-13 | **der Opa** [오파] 할아버지 (구어체) | p2-2-14 | **die Oma** [오마] 할머니 (구어체) |

| p2-2-15 | **die Eltern** [엘터른] 부모 | p2-2-16 | **die Großeltern** [그로쓰엘터른] 조부모 |

| p2-2-17 | **der Enkel** [엥켈] 손자 | p2-2-18 | **die Enkelin** [엥켈린] 손녀 |

| p2-2-19 | **das Enkelkind** [엥켈킨트] 손주 | p2-2-20 | **der/die Verwandte** [페어반테] 친척 |

It's a completely new way to **learn foreign language vocabulary** fast and easy.

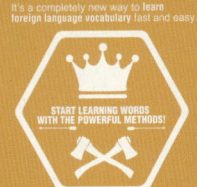

Learn
foreign language
vocabulary
GERMAN

일상에서 가장 자주 만나는 가족/친지 관련 명사
베스트 단어 40가지를 준비했습니다.

| p2-2-21 | **der Onkel** [옹켈] 고모부/이모부/아저씨 |
| p2-2-22 | **die Tante** [탄테] 고모/이모/아주머니 |

| p2-2-23 | **der Cousin** [쿠진] 사촌 형제 |
| p2-2-24 | **die Cousine** [쿠지네] 사촌 자매 |

| p2-2-25 | **der Schwager** [슈바거] 형부/처남 |
| p2-2-26 | **die Schwägerin** [슈베거린] 처제/처형 |

| p2-2-27 | **der Schwiegersohn** [슈비거존] 사위 |
| p2-2-28 | **die Schwiegertochter** [슈비거토흐터] 며느리 |

| p2-2-29 | **der Mann** [만] 남자/남편 |
| p2-2-30 | **die Frau** [프라우] 여자/부인 |

Part 2

베스트 단어
독일어 품사별 베스트 단어

p2-2-31	**der/die Erwachsene** [에어박세네] 성인	p2-2-32	**das Kind** [킨트] 아이
p2-2-33	**der Junge** [융에] 소년	p2-2-34	**das Mädchen** [메첸] 소녀
p2-2-35	**der Freund** [프로인트] 친구/남친	p2-2-36	**die Freundin** [프로인딘] 친구/여친
p2-2-37	**der Bräutigam** [브로이티감] 신랑	p2-2-38	**die Braut** [브라우트] 신부
p2-2-39	**der/die Verlobte** [페어롭테] 약혼자	p2-2-40	**die Geschwister** [게슈비스터] 형제/자매

3. 독일어 형용사 베스트 40 단어

형용사를 많이 안다는 것은 여러분의 독일어가
그만큼 화려하고 수려하다는 뜻입니다.
독일어 '말빨'은 독일어 형용사에 달려 있다고 봐도 됩니다.

독일어의 형용사는 2가지 방법으로 사용됩니다.
쉽게 예를 들면 다음과 같습니다.

1) Er ist gut.
[에어 이스트 굿.] 그는 착하다.

2) Er ist ein gutter Mann.
[에어 이스트 아인 굿터 만.] 그는 착한 남자다.

gut [굿] 착한, **ein** [아인] 하나의/어떤 (부정관사), **der Mann** [만] 남자

1)번의 **gut** 은 형용사가 서술어적으로 사용된 것이고,

Part 2
베스트 단어
독일어 품사별 베스트 단어

2)번의 **gut** 은 **Mann** 을 수식하는 형용사로 부가어적으로 사용된 것입니다.

독일어 형용사는 2)번처럼 명사 앞에서 수식하는 경우에는
관사와 명사의 성수에 맞춰 형용사 어미가 변화를 합니다.
결론적으로 독일어 형용사가 다음에 오는 명사를 수식할 땐,
명사에 대한 정보가 형용사 어미에 반영이 된다고 보시면 됩니다.

반면 1)번처럼 서술어적으로 사용할 때는 동사 다음에 그냥 그대로
가져다 놓으면 됩니다. 간단하게 사용할 수 있다는 얘기죠.

(형용사의 어미변화에 대해서는 부록부 문법편에서 다시 설명드리겠습니다.)

자! 그러면 가장 잘나간다는 독일어 형용사 베스트 단어 40을 소개해드리겠습니다.
짝으로, 상대 개념으로 기억해두시면 보다 효과적으로 학습될 것입니다.

 독일어 형용사 베스트 40 단어를 소개해드리겠습니다.

| p2-3-01 | **lang** [랑] 긴 |
| p2-3-02 | **kurz** [쿠르츠] 짧은 |

| p2-3-03 | **neu** [노이] 새로운 |
| p2-3-04 | **alt** [알트] 낡은/오래된 |

| p2-3-05 | **hoch** [호흐] 높은 |
| p2-3-06 | **niedrig** [니드리히] 낮은 |

| p2-3-07 | **weit** [바이트] 먼 |
| p2-3-08 | **nah(e)** [나(에)] 가까운 |

| p2-3-09 | **breit** [브라이트] 넓은 |
| p2-3-10 | **eng** [엥] 좁은 |

> Start learning a language with the powerful methods!

Part 2
베스트 단어
독일어 품사별 베스트 단어

p2-3-11	**rund** [룬트] 둥근	p2-3-12	**eckig** [엑키히] 모난
p2-3-13	**stark** [슈타르크] 강한	p2-3-14	**schwach** [슈바흐] 약한
p2-3-15	**schwer** [슈베어] 어려운/무거운	p2-3-16	**leicht** [라이히트] 가벼운/쉬운
p2-3-17	**sauber** [자우버] 깨끗한	p2-3-18	**schmutzig** [슈무찌히] 더러운
p2-3-19	**klug** [클룩] 똑똑한	p2-3-20	**dumm** [둠] 멍청한

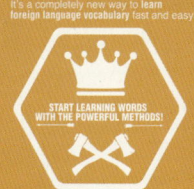

 독일어 형용사 베스트 40 단어를 소개해드리겠습니다.

p2-3-21 **bequem**
[베크뷈] 편안한/안락한

p2-3-22 **gefährlich**
[게페를리히] 위험한

p2-3-23 **leer**
[레어] 빈

p2-3-24 **voll**
[폴] 가득한

p2-3-25 **nötig**
[뇌티히] 필요한

p2-3-26 **unnötig**
[운뇌티히] 불필요한

p2-3-27 **nützlich**
[뉘츨리히] 유용한

p2-3-28 **zwecklos**
[츠벡로스] 무용한

p2-3-29 **gültig**
[귈티히] 유효한

p2-3-30 **ungültig**
[운귈티히] 무효의

Part 2

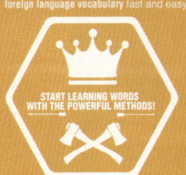 

베스트 단어
독일어 품사별 베스트 단어

| p2-3-31 | **teuer** [토이어] 비싼 |
| p2-3-32 | **billig** [빌리히] 싼 |

| p2-3-33 | **schnell** [슈넬] 빠른 |
| p2-3-34 | **langsam** [랑잠] 느린 |

| p2-3-35 | **groß** [그로씨] 큰 |
| p2-3-36 | **klein** [클라인] 작은 |

| p2-3-37 | **richtig** [리히티히] 옳은 |
| p2-3-38 | **falsch** [팔쉬] 틀린 |

| p2-3-39 | **fleißig** [플라이씨히] 부지런한 |
| p2-3-40 | **faul** [파울] 게으른 |

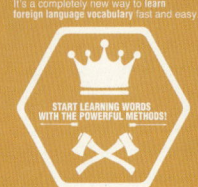

4. 독일어 부사 베스트 20 단어

부사란 기본적으로 동사를 수식하거나 다른 부사를 수식하는 품사입니다.
독일어 부사의 특징은 태생부터 부사인 것도 있지만,
형용사도 부사로 사용할 수 있다는 것입니다.

영어의 부사가 특정한 어미(**-ly**)로 시각적으로 구별된다는 점에서
독일어 부사와 차이가 있습니다.
독일어의 부사 또한 어미적으로 특징이 없는 것은 아닙니다.
즉, 독일어의 부사는 대개 **-e, -lich, -s, -weise** 등으로 끝납니다.

의미로는 시간부사 (지금/나중에), 장소부사 (여기/저기) 등으로
구분할 수 있고, 문장 성분상으로는 의문부사, 접속부사 등으로
다양하게 구분할 수 있습니다.

독일어 부사는 충분히 잘 발달되어 있는 편이고,
특히나 우리말의 부사 어감과 유사한 부분이 많아서
보다 친숙하게 학습이 가능합니다.
'우리말 부사를 독일어로는 어떻게 표현해야 하지?' 하는 염려가
그만큼 사라진다고 볼 수 있습니다.

자! 이번 코너에서는 약방의 감초처럼 언제든 어디든 등장하는
대박 독일어 부사 베스트 20을 소개해드리겠습니다.
짝으로, 상대 개념으로 기억해두시면 보다 효과적으로 학습이 되실 것입니다.

Part 2
베스트 단어
독일어 품사별 베스트 단어

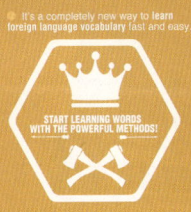

독일어 부사 베스트 20 단어를 소개해드리겠습니다.

p2-4-01 hier
[히어] 여기에

p2-4-02 dort
[도르트] 저기에

p2-4-03 schon
[숀] 이미

p2-4-04 sofort
[조포르트] 즉시

p2-4-05 immer
[임머] 언제나

p2-4-06 oft
[오프트] 자주

p2-4-07 fast
[파스트] 거의

p2-4-08 nie
[니] 결코 ~ 아니다

p2-4-09 vorwärts
[포어베르츠] 앞으로

p2-4-10 rückwärts
[뤽베르츠] 뒤로

 독일어 부사 베스트 20 단어를 소개해드리겠습니다.

p2-4-11 **sehr** [제어] 매우	p2-4-12 **mehr** [메어] 좀 더
p2-4-13 **gern** [게른] 기꺼이/즐겨	p2-4-14 **zu** [추] 너무
p2-4-15 **besonders** [베존더스] 특별히	p2-4-16 **ziemlich** [침리히] 상당히
p2-4-17 **vielleicht** [필라이히트] 아마도	p2-4-18 **wahrscheinlich** [바르샤인리히] 다분히
p2-4-19 **wirklich** [비르클리히] 정말로	p2-4-20 **neulich** [노일리히] 최근에

Part 2
베스트 단어
독일어 품사별 베스트 단어

5. 독일어 의문사 베스트 10 단어

독일어 의문사, 여러분의 모든 궁금증을 해결해 주는 중요한 단어들입니다.
의문사가 있는 의문문의 어순은 '의문사 + 동사 + 주어 …?'입니다.
독일어의 의문사는 의문대명사, 의문형용사 그리고 의문부사 등으로
나눌 수 있습니다.

p2-5-01 **wer** [베어] 누가

p2-5-02 **wann** [반] 언제

p2-5-03 **wo** [보] 어디

p2-5-04 **was** [바스] 무엇/무엇을

p2-5-05 **wie** [비] 어떻게

p2-5-06 **warum** [바룸] 왜

p2-5-07 **wie viel** [비 필] 얼마나

p2-5-08 **wieso** [비조] 어째서

p2-5-09 **woher** [보헤어] 어디로부터

p2-5-10 **wohin** [보힌] 어디로

6. 독일어 전치사 베스트 23 단어

독일어의 전치사는 잘 발달되어 있습니다.
이 말은 독일어에서 전치사가 차지하는 비중이 높다는 것이기도 하고,
전치사가 그만큼 중요하다는 뜻이기도 합니다.

독일어 전치사는 거의 다 짧은 음절로 이루어져 있지만,
문장 내에서는 보다 큰 의미를 가지고 있는 문장 성분입니다.
전치사는 문장의 방향을 바꿀 수 있는 중요한 요소입니다.

독일어 전치사의 가장 큰 특징은 '격'에 따라 그룹이 정해진다는 것입니다.
즉 독일어 전치사는 2격/3격/4격/3-4격 전치사로 크게 4종류로 나눌 수 있는데,
이때 격이라는 것은 전치사 다음에 나오는 명사는
반드시 전치사의 격을 따른다는 것입니다.

자! 그러면 독일어의 대표적인 전치사들을 종류별로 소개해 드리겠습니다.

(격에 대해서는 문법편에서 더욱 자세히 정리해 드립니다.)

Part 2
베스트 단어
독일어 품사별 베스트 단어

1) 독일어 2격전치사

p2-6-01 anstatt
[안슈타트] ~ 대신에

p2-6-02 trotz
[트로츠] ~에도 불구하고

p2-6-03 während
[베렌트] ~ 하는 동안에

p2-6-04 wegen
[베겐] ~ 때문에

2) 독일어 3격전치사

p2-6-05 aus
[아우스] ~로부터

p2-6-06 bei
[바이] 옆에/~에

p2-6-07 mit
[미트] ~와 함께/~으로

p2-6-08 nach
[나흐] ~이후에/~로 향하여

p2-6-09 von
[폰] ~에서부터/~의

p2-6-10 seit
[자이트] ~ 이래로

p2-6-11 zu
[추] ~에/~로

3) 독일어 4격전치사

p2-6-12 durch
[두르히] ~를 통해

p2-6-13 für
[퓌어] ~를 위해/~에 대해

p2-6-14 ohne
[오네] ~ 없이

p2-6-15 um
[움] ~ 둘레에/~시(時)에

4) 독일어 3-4격전치사

'독일어 3-4격전치사'는 '이랬다, 저랬다' 하는 전치사입니다.
같은 전치사를 어떤 때는 3격으로 어떤 때는 4격으로 사용한다는 말입니다.
전치사의 사용법은 간단합니다.
정지 상태를 말할 때는 3격, 움직이는 상태일 때는 4격을 사용하면 됩니다.
3격으로 쓰일 때와 4격으로 쓰일 때의 예문을 각각 비교하여 드리겠습니다.

(**an** 의 '옆에'는 접촉된 옆을 말하며, **auf** 의 '위에'는 접촉된 위를,
über 의 '위에'는 허공의 위를 말합니다.)

p2-6-16 an
[안] ~ 옆에/~ 옆으로

p2-6-17 auf
[아우프] ~ 위에/~ 위로

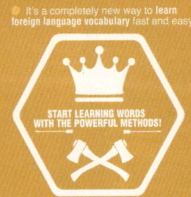

Part 2
베스트 단어
독일어 품사별 베스트 단어

| p2-6-18 | **über** [위버] ~ 위에/~ 위로 | p2-6-19 | **in** [인] ~ 안에/~ 안으로 |

| p2-6-20 | **hinter** [힌터] ~ 뒤에/~ 뒤로 | p2-6-21 | **unter** [운터] ~ 아래에/~ 아래로 |

| p2-6-22 | **vor** [포] ~ 앞에/~ 앞으로 | p2-6-23 | **zwischen** [츠비셴] ~ 사이에/~ 사이로 |

5) 독일어 '전치사 + 관사'의 축약

전치사와 정관사를 합쳐 하나의 단어로 축약해서 사용할 수 있습니다.
특히나 회화표현에서 더욱 많이 사용하죠.
하나의 덩어리로 기억하시면 명사의 성까지도 함께 해결할 수 있습니다.
상식적인 패턴이기 때문에 쉽게 유추 가능합니다.

am > an + dem   ans > an + das
im > in + dem   ins > in + das
zum > zu + dem   zur > zu + der
beim > bei + dem   vom > von + dem
aufs > auf + das   ums > um + das

7. 독일어 접속사 베스트 30 단어

여러분의 독일어를 길게 만들어 줄 접속사를 소개합니다.
독일어 접속사는 '대등접속사'와 '종속접속사'로 나눌 수 있습니다.
대등접속사는 구와 절 또는 문장을 좌우 대등하게 연결하는 문장 성분을 말하며,
종속접속사는 주절의 내용을 보완하고,
주절에 속한 절을 연결하는 품사를 말합니다.

1) 독일어 대등접속사

가장 중요하고, 가장 많이 사용하는 접속사를 선별해서 설명해 드리겠습니다.

| p2-7-01 | **und** [운트] 그리고 | p2-7-02 | **aber** [아버] 그러나 |
| p2-7-03 | **oder** [오더] 혹은 | p2-7-04 | **denn** [덴] 왜냐하면 |

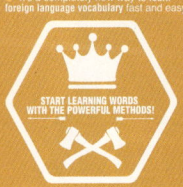 

Part 2
베스트 단어
독일어 품사별 베스트 단어

2) 독일어 종속접속사

종속접속사는 문장의 흐름에 결정적 역할을 하는 연결고리입니다.
종속접속사로 연결된 종속절은 동사가 '후치'됩니다.
즉 종속절에서 동사는 문장의 맨 끝에 놓입니다.

(**wenn** [벤] (만약에 / ~했을 때)는 현재나 미래, 또는 과거의 반복적인 사건의 경우에,
als [알스] (~했을 때)는 과거 1회적인 행위나 사건이 발생한 시간을 표현할 경우에
사용합니다.)

p2-7-05	**dass** [다쓰] ~하다는 것을	p2-7-06	**ob** [옵] ~인지 아닌지
p2-7-07	**da** [다] ~때문에	p2-7-08	**weil** [바일] 왜냐하면
p2-7-09	**obwohl** [옵볼] 비록 ~일지라도	p2-7-10	**wenn** [벤] 만약에/~했을 때

 독일어 종속접속사를 소개해드리겠습니다.

p2-7-11 als
[알스] ~했을 때

p2-7-12 als ob
[알스 옵] 마치 ~인 것처럼

p2-7-13 bevor
[베포어] ~하기 전에

p2-7-14 nachdem
[나흐뎀] 그다음에/~한 후에

p2-7-15 indem
[인뎀] ~하면서

p2-7-16 sobald
[조발트] ~하자마자

p2-7-17 solange
[조랑에] ~하는 한

p2-7-18 bis
[비스] ~까지

p2-7-19 seit
[자이트] ~한 이래

p2-7-20 während
[베렌트] ~하는 동안에

Part 2
베스트 단어
독일어 품사별 베스트 단어

의문사(was, wer, wen, wem, wann, warum, wie, wo, woher, wohin)은 모두 종속접속사로도 사용할 수 있습니다.

p2-7-21 was
[바스] 무엇

p2-7-22 wer
[베어] 누가

p2-7-23 wen
[벤] 누구에게

p2-7-24 wem
[벰] 누구를

p2-7-25 wann
[반] 언제

p2-7-26 warum
[바룸] 왜

p2-7-27 wie
[비] 어떻게

p2-7-28 wo
[보] 어디

p2-7-29 woher
[보헤어] ~에서부터

p2-7-30 wohin
[보힌] ~으로

It's a completely new way to **learn foreign language vocabulary** fast and easy.

8. 독일어 의성어 베스트 20 단어

독일어의 의성어를 소개합니다. 우리말과 비교해보면 꽤 재미있습니다.
독일어 의성어 베스트 20 단어를 정리했습니다.

p2-8-01 **bimbam** [빔밤] 땡땡	p2-8-02 **bum** [붐] 쾅
p2-8-03 **hatschi** [핫치] 엣취	p2-8-04 **hau ruck** [하우 룩] 영차
p2-8-05 **kikeriki** [키케리키] 꼬끼오	p2-8-06 **knacks** [크낙스] 뚝
p2-8-07 **knicks** [크닉스] 딱	p2-8-08 **kuckuck** [쿠쿡] 뻐꾹
p2-8-09 **peng** [팽] 펑	p2-8-10 **platsch** [플라취] 텀벙

Part 2
베스트 단어
독일어 품사별 베스트 단어

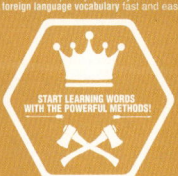

| p2-8-11 | **plumps** [플럼스] 쾅 |
| p2-8-12 | **ratsch** [라취] 쫙/찌직 |

| p2-8-13 | **ticktack** [틱탁] 똑딱 |
| p2-8-14 | **tralla** [트랄라] 라라라 |

| p2-8-15 | **wauwau** [바우바우] 멍멍 |
| p2-8-16 | **miau** [미아우] 야옹 |

| p2-8-17 | **muh** [무] 음메 |
| p2-8-18 | **quack quack** [크박 크박] 꽥꽥 |

| p2-8-19 | **quiek** [크빅] 꿀꿀 |
| p2-8-20 | **piep piep** [핍 핍] 삐약삐약 |

Start learning a language with the powerful methods!

 Conquer them all!

Learn foreign language vocabulary

Part 3. 상식 기본단어

곧바로 상식이 되는 독일어 단어를
쓸어 담아라!

1. 독일어 상식 기본단어 : 숫자
2. 독일어 상식 기본단어 : 시간
3. 독일어 상식 기본단어 : 날씨/계절
4. 독일어 상식 기본단어 : 요일/월명
5. 독일어 상식 기본단어 : 색상/정도
6. 독일어 상식 기본단어 : 방향/장소
7. 독일어 상식 기본단어 : 상태/형태
8. 독일어 상식 기본단어 : 국적
9. 독일어 상식 기본단어 : 직업
10. 독일어 상식 기본단어 : 신체/기관
11. 독일어 상식 기본단어 : 성격/감정
12. 독일어 상식 기본단어 : 가축/동물
13. 독일어 상식 기본단어 : 과일
14. 독일어 상식 기본단어 : 곡물/채소
15. 독일어 상식 기본단어 : 지리/지형
16. 독일어 상식 기본단어 : 시설/기관
17. 독일어 상식 기본단어 : 스포츠

Part 3. 상식 기본단어

곧바로 상식이 되는 독일어 단어를 쓸어 담아라!

독일어를 하는데 상식이 되는 기본 단어들을 모아 정리했습니다.
조만간 여러분께서 독일 생활을 시작해야 한다면
가장 우선 순위의 단어들이 되겠습니다.

독일어 상식 기본단어들과 다음의 기본문형으로 문장을 완성할 수 있습니다.
내가 방금 공부한 단어가 당장 독일어 문장으로 완성될 수 있는 방법입니다.
'뭐뭐' 부분에 단어를 넣어 활용하시면
독일어 문장력과 회화능력을 순식간에 확장시킬 수 있습니다.

예문패턴 1.
'뭐뭐' 부분에는 '직업/감정/상태' 등을 넣을 수 있습니다.

Ich bin 뭐뭐.
[이히 빈 뭐뭐.] 나는 뭐뭐이다. / 뭐뭐하다.

Bist du 뭐뭐?
[비스트 두 뭐뭐?] 너는 뭐뭐이니? / 뭐뭐하니?

Das ist 뭐뭐.
[다스 이스트 뭐뭐.] 그것은 뭐뭐이다. / 뭐뭐하다.

Part 3
상식 기본단어
독일어 상식 기본단어

예문패턴 2.
'**Es ist** 뭐뭐.' 는 영어의 '**It is ~.**' 와 같습니다.
그래서 날씨/시간/기후 등의 상태를 표현할 수 있습니다.
'뭐뭐' 부분에 해당 단어를 넣어 활용하시면 됩니다.

Es ist 뭐뭐.
[에스 이스트 뭐뭐.] 그것은 뭐뭐이다. / 뭐뭐하다.

예문패턴 3.
예문패턴 1/2에 대한 질문으로는 다음의 예문을 활용할 수 있습니다.
의문문 문장을 이용하면 훌륭한 'A:B 대화문'을 만들어 낼 수 있습니다.

Was ist er?
[바스 이스트 에어?] 그의 직업은 무엇입니까?

Was ist das?
[바스 이스트 다스?] 그것은 무엇입니까?

Wie ist es?
[비 이스트 에스?] 그것은 어떻습니까?

자! 그러면 독일어 상식이 되는 기본단어, 시작해 볼까요~!

1. 독일어 상식 기본단어 : 숫자

독일어의 상식이 되는 기본단어, 숫자를 정리했습니다.

p3-01-01	**die Nummer** [눔메] 수 / 숫자	p3-01-02	**0 null** [눌]
p3-01-03	**1 eins** [아인스]	p3-01-04	**2 zwei** [츠바이]
p3-01-05	**3 drei** [드라이]	p3-01-06	**4 vier** [피어]
p3-01-07	**5 fünf** [퓐프]	p3-01-08	**6 sechs** [젝스]
p3-01-09	**7 sieben** [지벤]	p3-01-10	**8 acht** [아흐트]

Part 3

상식 기본단어
독일어 상식 기본단어

p3-01-11	**9 neun** [노인]
p3-01-12	**10 zehn** [첸]
p3-01-13	**11 elf** [엘프]
p3-01-14	**12 zwölf** [츠뵐프]
p3-01-15	**13 dreizehn** [드라이첸]
p3-01-16	**14 vierzehn** [피어첸]
p3-01-17	**15 fünfzehn** [퓐프첸]
p3-01-18	**16 sechzehn** [제히첸]
p3-01-19	**17 siebzehn** [집첸]
p3-01-20	**18 achtzehn** [아흐첸]

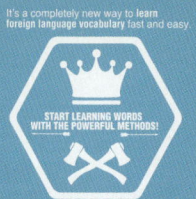

 독일어의 상식이 되는 기본단어, 숫자표현 19~1백만까지 정리했습니다.

p3-01-21 **19 neunzehn**
[노인첸]

p3-01-22 **20 zwanzig**
[츠반치히]

p3-01-23 **30 dreißig**
[드라이씨히]

p3-01-24 **40 vierzig**
[피어치히]

p3-01-25 **50 fünfzig**
[퓐프치히]

p3-01-26 **60 sechzig**
[제히치히]

p3-01-27 **70 siebzig**
[집치히]

p3-01-28 **80 achtzig**
[아흐치히]

p3-01-29 **90 neunzig**
[노인치히]

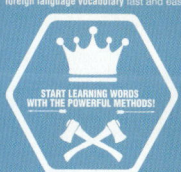

Part 3

상식 기본단어
독일어 상식 기본단어

p3-01-30	**100 hundert** [훈더르트]
p3-01-31	**1,000 tausend** [타우젠트]
p3-01-32	**10,000 zehntausend** [첸타우젠트]
p3-01-33	**100,000 hunderttausend** [훈더르트타우젠트]
p3-01-34	**1,000,000 Millionen** [밀리오넨]

2. 독일어 상식 기본단어 : 시간

독일어의 상식이 되는 기본단어, 시간표현을 정리했습니다.

| p3-02-01 | **der Vormittag** [포미탁] 오전 | p3-02-02 | **der Nachmittag** [나흐미탁] 오후 |

- p3-02-01 **der Vormittag** [포미탁] 오전
- p3-02-02 **der Nachmittag** [나흐미탁] 오후
- p3-02-03 **der Morgen** [모르겐] 아침
- p3-02-04 **der Tag** [탁] 낮/하루
- p3-02-05 **der Abend** [아벤트] 저녁
- p3-02-06 **die Nacht** [나흐트] 밤
- p3-02-07 **die Mitternacht** [미터나흐트] 심야
- p3-02-08 **täglich** [테글리히] 매일의/날마다
- p3-02-09 **die Woche** [보헤] 주
- p3-02-10 **das Wochenende** [보헨엔데] 주말

Part 3

상식 기본단어
독일어 상식 기본단어

p3-02-11	**gestern** [게스터른] 어제	p3-02-12	**heute** [호이테] 오늘
p3-02-13	**morgen** [모르겐] 내일	p3-02-14	**übermorgen** [위버모르겐] 모레
p3-02-15	**immer** [임머] 항상	p3-02-16	**heutzutage** [호이추타게] 오늘날
p3-02-17	**früh** [프뤼] 일찍	p3-02-18	**spät** [슈페트] 늦게
p3-02-19	**jetzt** [예츠트] 지금	p3-02-20	**sofort** [조포르트] 즉시

3. 독일어 상식 기본단어 : 날씨/계절

독일어의 상식이 되는 기본단어, 날씨와 계절 표현을 정리했습니다.

p3-03-01 das Wetter [베터] 날씨	**p3-03-02** das Klima [클리마] 기후
p3-03-03 die Wettervorhersage [베터포헤어자게] 기상예보	**p3-03-04** der Grad [그라트] 온도/도
p3-03-05 die Sonne [존네] 태양	**p3-03-06** der Wind [빈트] 바람
p3-03-07 der Himmel [힘멜] 하늘	**p3-03-08** die Wolke [볼케] 구름
p3-03-09 der Regen [레겐] 비	**p3-03-10** der Schnee [슈네] 눈

Part 3

상식 기본단어
독일어 상식 기본단어

p3-03-11 **der Sturm**
[쉬투름] 폭풍

p3-03-12 **das Gewitter**
[게비터] 뇌우

p3-03-13 **der Nebel**
[네벨] 안개

p3-03-14 **der Hagel**
[하겔] 우박

p3-03-15 **die Hitze**
[히체] 열기

p3-03-16 **die Jahreszeit**
[야레스차이트] 계절

p3-03-17 **der Frühling**
[프륄링] 봄

p3-03-18 **der Sommer**
[좀머] 여름

p3-03-19 **der Herbst**
[헤릅스트] 가을

p3-03-20 **der Winter**
[빈터] 겨울

 독일어의 상식이 되는 기본단어, 날씨와 계절 표현을 정리했습니다.

p3-03-21	**scheinen** [샤이넨] 햇빛이 비치다	p3-03-22	**regnen** [레그넨] 비가 오다
p3-03-23	**schneien** [슈나이엔] 눈이 오다	p3-03-24	**frieren** [프리어렌] 얼다
p3-03-25	**blitzen** [블리첸] 번개가 치다	p3-03-26	**donnern** [돈너른] 천둥치다
p3-03-27	**sonnig** [존니히] 해가 있는	p3-03-28	**wolkig** [볼키히] 구름 낀
p3-03-29	**windig** [빈디히] 바람 부는	p3-03-30	**stürmisch** [스튀르미쉬] 폭풍우의

Part 3
상식 기본단어
독일어 상식 기본단어

p3-03-31	**nebelig** [네벨리히] 안개 낀	p3-03-32	**frostig** [프로스티히] 혹한의
p3-03-33	**heiß** [하이쓰] 더운	p3-03-34	**kalt** [칼트] 추운
p3-03-35	**warm** [바름] 따뜻한	p3-03-36	**heiter** [하이터] 쾌청한
p3-03-37	**gut** [굿] 좋은	p3-03-38	**schlecht** [슐레히트] 나쁜
p3-03-39	**hell** [헬] 밝은	p3-03-40	**dunkel** [둥켈] 어두운

4. 독일어 상식 기본단어 : 요일/월명

독일어의 상식이 되는 기본단어, 요일명과 월명을 정리했습니다.

p3-04-01 **der Montag** [몬탁] 월요일	p3-04-02 **der Dienstag** [딘스탁] 화요일
p3-04-03 **der Mittwoch** [밋트보흐] 수요일	p3-04-04 **der Donnerstag** [돈너스탁] 목요일
p3-04-05 **der Freitag** [프라이탁] 금요일	p3-04-06 **der Samstag** [잠스탁] 토요일
p3-04-07 **der Sonnabend** [존나벤트] 토요일	p3-04-08 **der Sonntag** [존탁] 일요일
p3-04-09 **der Januar** [야누아르] 1월	p3-04-10 **der Februar** [페브루아르] 2월

Part 3
상식 기본단어
독일어 상식 기본단어

p3-04-11	**der März** [메르츠] 3월	p3-04-12	**der April** [아프릴] 4월
p3-04-13	**der Mai** [마이] 5월	p3-04-14	**der Juni** [유니] 6월
p3-04-15	**der Juli** [율리] 7월	p3-04-16	**der August** [아우구스트] 8월
p3-04-17	**der September** [잽템버] 9월	p3-04-18	**der Oktober** [옥토버] 10월
p3-04-19	**der November** [노벰버] 11월	p3-04-20	**der Dezember** [데쳄버] 12월

● 독일 남부 지역은 '토요일'을 **der Sonnabend [존나벤트]**라고 합니다.

5. 독일어 상식 기본단어 : 색상/정도

독일어의 상식이 되는 기본단어, 색상과 정도 표현을 정리했습니다.

| p3-05-01 | **die Farbe** [파르베] 색깔 |
| p3-05-02 | **weiß** [바이쓰] 흰 |

p3-05-03 **schwarz** [슈바르츠] 검은

p3-05-04 **grau** [그라우] 회색의

p3-05-05 **blau** [블라우] 푸른

p3-05-06 **grün** [그륀] 초록의

p3-05-07 **rot** [로트] 붉은

p3-05-08 **gelb** [겔프] 노란

p3-05-09 **braun** [브라운] 갈색의

p3-05-10 **violett** [비올렛] 보라색의

Part 3
상식 기본단어
독일어 상식 기본단어

p3-05-11	**sehr** [제어] 매우
p3-05-12	**wenig** [베니히] 약간
p3-05-13	**mehr** [메어] 더
p3-05-14	**weniger** [베니거] 덜
p3-05-15	**höchstens** [회히스텐스] 최대한
p3-05-16	**wenigstens** [베니히스텐스] 최소한
p3-05-17	**mindestens** [민데스텐스] 적어도
p3-05-18	**einigermaßen** [아이니거마쎈] 어느 정도
p3-05-19	**größtenteils** [그뢰쓰텐타일스] 대부분은
p3-05-20	**endlos** [엔트로스] 무한의

6. 독일어 상식 기본단어 : 방향/장소

독일어의 상식이 되는 기본단어, 방향과 장소 표현을 정리했습니다.

| p3-06-01 | **die Richtung** [리히퉁] 방향 |
| p3-06-02 | **die Seite** [자이테] 쪽 |

| p3-06-03 | **der Osten** [오스텐] 동쪽 |
| p3-06-04 | **der Westen** [베스텐] 서쪽 |

| p3-06-05 | **der Süden** [쥐덴] 남쪽 |
| p3-06-06 | **der Norden** [노르덴] 북쪽 |

| p3-06-07 | **rechts** [레히츠] 오른쪽에 |
| p3-06-08 | **links** [링크스] 왼쪽에 |

| p3-06-09 | **oben** [오벤] 위쪽의 |
| p3-06-10 | **unten** [운텐] 아래쪽의 |

Part 3

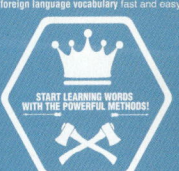 

상식 기본단어
독일어 상식 기본단어

p3-06-11	**der Ort** [오르트] 장소	
p3-06-12	**wo** [보] 어디에	
p3-06-13	**hier** [히어] 여기에	
p3-06-14	**dort** [도르트] 저기에	
p3-06-15	**oben** [오벤] 위에	
p3-06-16	**unten** [운텐] 아래에	
p3-06-17	**vorn** [포른] 앞에	
p3-06-18	**hinten** [힌텐] 뒤에	
p3-06-19	**draußen** [드라우쎈] 밖에	
p3-06-20	**drinnen** [드린넨] 안에	

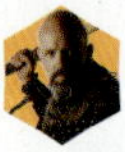

7. 독일어 상식 기본단어 : 상태/형태

독일어의 상식이 되는 기본단어, 상태와 형태 표현을 정리했습니다.

| p3-07-01 | **neu** [노이] 새로운 |
| p3-07-02 | **alt** [알트] 낡은 |

| p3-07-03 | **sauber** [자우버] 깨끗한 |
| p3-07-04 | **schmutzig** [쉬무치히] 더러운 |

| p3-07-05 | **ordentlich** [오르덴틀리히] 정돈된 |
| p3-07-06 | **unordentlich** [운오르덴틀리히] 무질서한 |

| p3-07-07 | **trocken** [트로켄] 건조한 |
| p3-07-08 | **nass** [나쓰] 젖은 |

| p3-07-09 | **transparent** [트란스파렌트] 투명한 |
| p3-07-10 | **undurchsichtig** [운두르히지히티히] 불투명한 |

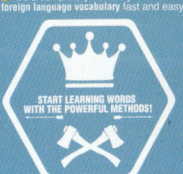 

Part 3
상식 기본단어
독일어 상식 기본단어

p3-07-11 die Form [포름] 형태

p3-07-12 flach [플라흐] 편편한

p3-07-13 rund [룬트] 둥근

p3-07-14 dreieckig [드라이에키히] 삼각형의

p3-07-15 viereckig [피어에키히] 사각형의

p3-07-16 oval [오발] 계란형의

p3-07-17 breit [브라이트] 넓은

p3-07-18 schmal [쉬말] 좁은

p3-07-19 tief [티프] 깊은

p3-07-20 seicht [자이히트] 얕은

8. 독일어 상식 기본단어 : 국적

독일어의 상식이 되는 기본단어, 국적명을 정리했습니다.
독일어는 남성형과 여성형으로 국적을 각각 표시합니다.

p3-08-01	**der Koreaner** [코레아너] 한국 남자	p3-08-02	**die Koreanerin** [코레아너린] 한국 여자
p3-08-03	**der Japaner** [야파너] 일본 남자	p3-08-04	**die Japanerin** [야파너린] 일본 여자
p3-08-05	**der Amerikaner** [아메리카너] 미국 남자	p3-08-06	**die Amerikanerin** [아메리카너린] 미국 여자
p3-08-07	**der Engländer** [엥글랜더] 영국 남자	p3-08-08	**die Engländerin** [엥글랜더린] 영국 여자
p3-08-09	**der Italiener** [이탈리에너] 이탈리아 남자	p3-08-10	**die Italienerin** [이탈리에너린] 이탈리아 여자

Start learning a language with the **powerful methods!**

Part 3

상식 기본단어
독일어 상식 기본단어

p3-08-11	**der Österreicher** [외스터라이허] 오스트리아 남자	
p3-08-12	**die Österreicherin** [외스터라이허린] 오스트리아 여자	
p3-08-13	**der Holländer** [홀랜더] 네덜란드 남자	
p3-08-14	**die Holländerin** [홀랜더린] 네덜란드 여자	
p3-08-15	**der Schweizer** [슈바이처] 스위스 남자	
p3-08-16	**die Schweizerin** [슈바이처린] 스위스 여자	
p3-08-17	**der Spanier** [슈파니어] 스페인 남자	
p3-08-18	**die Spanierin** [슈파니어린] 스페인 여자	
p3-08-19	**der Brasilianer** [브라질리아너] 브라질 남자	
p3-08-20	**die Brasilianerin** [브라질리아너린] 브라질 여자	

It's a completely new way to **learn foreign language vocabulary** fast and easy.

 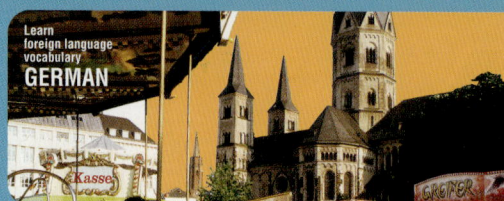

 독일어의 상식이 되는 기본단어, 국적명을 정리했습니다.

| p3-08-21 | **der Inder** [인더] 인도 남자 | p3-08-22 | **die Inderin** [인더린] 인도 여자 |

| p3-08-23 | **der Australier** [아우스트랄리어] 호주 남자 | p3-08-24 | **die Australierin** [아우스트랄리어린] 호주 여자 |

| p3-08-25 | **der Franzose** [프란초제] 프랑스 남자 | p3-08-26 | **die Französin** [프란최진] 프랑스 여자 |

| p3-08-27 | **der Russe** [루쎄] 러시아 남자 | p3-08-28 | **die Russin** [루쎈] 러시아 여자 |

| p3-08-29 | **der Türke** [튀르케/튀어케] 터키 남자 | p3-08-30 | **die Türkin** [튀르킨/튀어킨] 터키 여자 |

Part 3

상식 기본단어
독일어 상식 기본단어

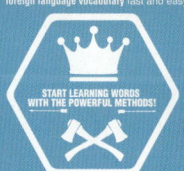

p3-08-31	**der Chinese** [히네제] 중국 남자
p3-08-32	**die Chinesin** [히네진] 중국 여자
p3-08-33	**der Europäer** [오이로페어] 유럽 남자
p3-08-34	**die Europäerin** [오이로페어린] 유럽 여자
p3-08-35	**der Afrikaner** [아프리카너] 아프리카 남자
p3-08-36	**die Afrikanerin** [아프리카너린] 아프리카 여자
p3-08-37	**der Asiate** [아지아테] 아시아 남자
p3-08-38	**die Asiatin** [아지아틴] 아시아 여자
p3-08-39	**der Deutsche** [도이체] 독일 남자
p3-08-40	**die Deutsche** [도이체] 독일 여자

● 독일어 명사의 대부분은 남성형에 **-in** 을 붙이면 여성을 나타내는 명사가 됩니다. 그리고 두 번째 그룹처럼 남자용 형태에서 **-e** 를 떼고 **-in** 을 붙여주는 경우도 있습니다. 마지막에 있는 독일의 경우는 특별히 남녀의 형태가 같습니다.

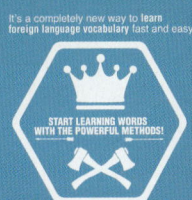

9. 독일어 상식 기본단어 : 직업

독일어의 상식이 되는 기본단어, 직업명을 정리했습니다.
독일어는 남성형과 여성형이 각각 따로 있습니다.

| p3-09-01 | **der Schüler** [쉴러] 남학생 |
| p3-09-02 | **die Schülerin** [쉴러린] 여학생 |

| p3-09-03 | **der Student** [슈투덴트] 대학생 |
| p3-09-04 | **die Studentin** [슈투덴틴] 여대생 |

| p3-09-05 | **der Lehrer** [레러] 교사 |
| p3-09-06 | **die Lehrerin** [레러린] 여교사 |

| p3-09-07 | **der Arbeiter** [아르바이터] 노동자 |
| p3-09-08 | **die Arbeiterin** [아르바이터린] 여노동자 |

| p3-09-09 | **der Beamte** [베암테] 공무원 |
| p3-09-10 | **die Beamtin** [베암틴] 여공무원 |

Part 3

상식 기본단어
독일어 상식 기본단어

p3-09-11 der Bäcker
[베커] 제빵사

p3-09-12 die Bäckerin
[베커린] 여자 제빵사

p3-09-13 der Architekt
[아키텍트] 건축가

p3-09-14 die Architektin
[아키텍틴] 여자 건축가

p3-09-15 der Ingenieur
[인제니어] 기술자

p3-09-16 die Ingenieurin
[인제니어린] 여자 기술자

p3-09-17 der Elektriker
[엘렉트리커] 전기기술자

p3-09-18 die Elektrikerin
[엘렉트리커린] 여자 전기기술자

p3-09-19 der Polizist
[폴리치스트] 경찰

p3-09-20 die Polizistin
[폴리치스틴] 여경

독일어의 상식이 되는 기본단어, 직업명을 정리했습니다.

| p3-09-21 | **der Künstler** [퀸스틀러] 예술가 | p3-09-22 | **die Künstlerin** [퀸스틀러린] 여자 예술가 |

| p3-09-23 | **der Schauspieler** [샤우슈필러] 배우 | p3-09-24 | **die Schauspielerin** [샤우슈필러린] 여배우 |

| p3-09-25 | **der Bauer** [바우어] 농부 | p3-09-26 | **die Bäuerin** [보이어린] 여농부 |

| p3-09-27 | **der Koch** [코흐] 요리사 | p3-09-28 | **die Köchin** [쾨힌] 여자 요리사 |

| p3-09-29 | **der Arzt** [아르츠트] 의사 | p3-09-30 | **die Ärztin** [에르츠틴] 여의사 |

Part 3
상식 기본단어
독일어 상식 기본단어

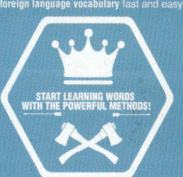

p3-09-31	**der Rechtsanwalt** [레히츠안발트] 변호사	p3-09-32	**die Rechtsanwältin** [레히츠안벨틴] 여자 변호사
p3-09-33	**der Bankangestellte** [방크안게슈텔테] 은행원	p3-09-34	**die Bankangestellte** [방크안게슈텔테] 여자 은행원
p3-09-35	**der Feuerwehrmann** [포이어베어만] 소방수	p3-09-36	**die Feuerwehrfrau** [포이어베어프라우] 여자 소방수
p3-09-37	**der Steward** [스튜어드] 승무원	p3-09-38	**die Stewardess** [스튜어디스] 여승무원
p3-09-39	**der Krankenpfleger** [크랑켄플레거] 남자간호사	p3-09-40	**die Krankenschwester** [크랑켄슈베스터] 간호사

● 독일어는 대부분의 직업명에 **-in** 을 붙이면 여성형이 됩니다.
앞의 그룹들을 비교해 보시면 여성형으로 만들 때 모음이 '변모음'(모음에 땡땡이 - 움라우트 **Umlaut** -가 붙음)한다거나, 남성형과 여성형의 모양이 같거나 다른 형태도 있습니다.
직업명은 처음 학습하실 때 남성/여성형을 쌍으로 외워두시는 것이 좋습니다.

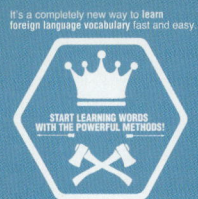

10. 독일어 상식 기본단어 : 신체/기관

독일어의 상식이 되는 기본단어, 신체 및 기관명을 정리했습니다.

p3-10-01	**der Körper** [쾨르퍼] 신체	p3-10-02	**der Kopf** [코프] 머리
p3-10-03	**das Gesicht** [게지히트] 얼굴	p3-10-04	**das Haar** [하르] 머리카락
p3-10-05	**die Stirn** [슈티른] 이마	p3-10-06	**die Augenbraue** [아우겐브라우에] 눈썹
p3-10-07	**das Auge** [아우게] 눈	p3-10-08	**die Nase** [나제] 코
p3-10-09	**das Ohr** [오어] 귀	p3-10-10	**der Mund** [문트] 입

Part 3
상식 기본단어
독일어 상식 기본단어

p3-10-11 **die Lippe** [립페] 입술	p3-10-12 **die Oberlippe** [오버립페] 윗입술
p3-10-13 **die Unterlippe** [운터립페] 아랫입술	p3-10-14 **die Wange** [방에] 뺨
p3-10-15 **der Zahn** [찬] 치아	p3-10-16 **die Zunge** [충에] 혀
p3-10-17 **der Bart** [바르트] 수염	p3-10-18 **das Kinn** [킨] 턱
p3-10-19 **der Hals** [할스] 목	p3-10-20 **der Adamsapfel** [아담스압펠] 목젖

It's a completely new way to **learn foreign language vocabulary** fast and easy.

독일어의 상식이 되는 기본단어, 신체 및 기관명을 정리했습니다.

| p3-10-21 | **die Schulter** [슐터] 어깨 |
| p3-10-22 | **die Brust** [브루스트] 가슴/유방 |

| p3-10-23 | **das Herz** [헤르츠] 심장 |
| p3-10-24 | **der Rücken** [뤽켄] 등 |

| p3-10-25 | **der Arm** [아름] 팔 |
| p3-10-26 | **die Hand** [한트] 손 |

| p3-10-27 | **der Oberarm** [오버아름] 위팔 |
| p3-10-28 | **der Unterarm** [운터아름] 아래팔 |

| p3-10-29 | **das Handgelenk** [한트게렝크] 팔목 |
| p3-10-30 | **der Finger** [핑어] 손가락 |

Part 3

상식 기본단어
독일어 상식 기본단어

| p3-10-31 | **der Schenkel** [솅켈] 허벅다리 |
| p3-10-32 | **das Bein** [바인] 다리 |

| p3-10-33 | **das Knie** [크니] 무릎 |
| p3-10-34 | **der Fuß** [푸쓰] 발 |

| p3-10-35 | **die Lunge** [룽에] 폐 |
| p3-10-36 | **die Leber** [레버] 간 |

| p3-10-37 | **der Bauch** [바우흐] 배 |
| p3-10-38 | **der Magen** [마겐] 위 |

| p3-10-39 | **das Sexualorgan** [젝수알오르간] 성기 |
| p3-10-40 | **das Gesäß** [게제쓰] 엉덩이 |

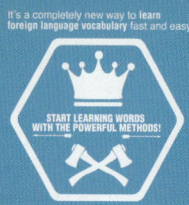

11. 독일어 상식 기본단어 : 성격/감정

독일어의 상식이 되는 기본단어, 성격과 감정 표현을 정리했습니다.

p3-11-01	**nett** [네트] 친절한	p3-11-02	**lieb** [리프] 사랑스러운
p3-11-03	**freundlich** [프로인들리히] 다정한	p3-11-04	**höflich** [회플리히] 공손한
p3-11-05	**sympathisch** [짐파티쉬] 정이 많은	p3-11-06	**streng** [슈트랭] 엄격한
p3-11-07	**lebendig** [레벤디히] 활달한	p3-11-08	**ruhig** [루이히] 얌전한
p3-11-09	**arrogant** [아로간트] 거만한	p3-11-10	**nervös** [네르뵈스] 신경질적인

Part 3

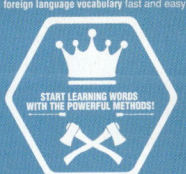 

상식 기본단어
독일어 상식 기본단어

p3-11-11	**froh** [프로] 즐거운	
p3-11-12	**lustig** [루스티히] 유쾌한	
p3-11-13	**fröhlich** [프룈리히] 기쁜	
p3-11-14	**traurig** [트라우리히] 슬픈	
p3-11-15	**glücklich** [글뤽클리히] 행복한	
p3-11-16	**unglücklich** [운글뤽클리히] 불행한	
p3-11-17	**enttäuscht** [엔토이쉬트] 실망한	
p3-11-18	**überrascht** [위버라쉬트] 놀란	
p3-11-19	**ruhig** [루이히] 평온한	
p3-11-20	**nervös** [네르뵈스] 긴장한	

12. 독일어 상식 기본단어 : 가축/동물

독일어의 상식이 되는 기본단어, 가축 및 야생동물명을 정리했습니다.

p3-12-01	**der Hund** [훈트] 개	p3-12-02	**die Katze** [카체] 고양이
p3-12-03	**der Bulle** [불레] 숫소	p3-12-04	**die Kuh** [쿠] 암소
p3-12-05	**das Schwein** [슈바인] 돼지	p3-12-06	**das Pferd** [페르트] 말
p3-12-07	**der Hahn** [한] 수탉	p3-12-08	**das Huhn** [훈] 암탉
p3-12-09	**die Ente** [엔테] 오리	p3-12-10	**das Schaf** [샤프] 양

Part 3
상식 기본단어
독일어 상식 기본단어

P3

---

p3-12-11 **der Löwe**
[뢰베] 사자

p3-12-12 **der Tiger**
[티거] 호랑이

p3-12-13 **der Affe**
[아페] 원숭이

p3-12-14 **der Gorilla**
[고릴라] 고릴라

p3-12-15 **der Elefant**
[엘레판트] 코끼리

p3-12-16 **das Nilpferd**
[닐페르트] 하마

p3-12-17 **der Bär**
[베어] 곰

p3-12-18 **die Giraffe**
[기라페] 기린

p3-12-19 **das Zebra**
[체브라] 얼룩말

p3-12-20 **das Reh**
[레] 사슴

13. 독일어 상식 기본단어 : 과일

독일어의 상식이 되는 기본단어, 과일명을 정리했습니다.

| p3-13-01 | **das Obst** [옵스트] 과일 |
| p3-13-02 | **die Frucht** [프루흐트] 과일 |

| p3-13-03 | **der Apfel** [압펠] 사과 |
| p3-13-04 | **die Birne** [비르네] 배 |

| p3-13-05 | **der Pfirsich** [피르쉬] 복숭아 |
| p3-13-06 | **der Wein** [바인] 포도 |

| p3-13-07 | **die Banane** [바나네] 바나나 |
| p3-13-08 | **die Ananas** [아나나스] 파인애플 |

| p3-13-09 | **die Orange** [오랑제] 오렌지 |
| p3-13-10 | **die Mandarine** [만다리네] 귤 |

Start learning a language with the powerful methods!

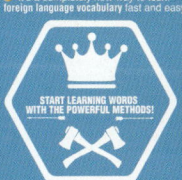 

Part 3
상식 기본단어
독일어 상식 기본단어

p3-13-11	**die Pflaume** [플라우메] 자두	p3-13-12	**der Granatapfel** [그라나트압펠] 석류
p3-13-13	**die Limone** [리모네] 레몬	p3-13-14	**die Zitrone** [치트로네] 레몬
p3-13-15	**die Erdbeere** [에르트베레] 딸기	p3-13-16	**die Blaubeere** [블라우베레] 블루베리
p3-13-17	**die Mango** [망고] 망고	p3-13-18	**die Papaya** [파파야] 파파야
p3-13-19	**die Kirsche** [키르쉐] 체리	p3-13-20	**die Rosine** [로지네] 건포도

14. 독일어 상식 기본단어 : 곡물/채소

독일어의 상식이 되는 기본단어, 곡물 및 채소명을 정리했습니다.

| p3-14-01 | **der Reis** [라이스] 쌀 | p3-14-02 | **der Weizen** [바이첸] 밀 |

| p3-14-03 | **der Kohl** [콜] 양배추 | p3-14-04 | **der Blumenkohl** [블루멘콜] 콜리플라워 |

| p3-14-05 | **der Salat** [잘라트] 상추 | p3-14-06 | **der Spargel** [슈파르겔] 아스파라거스 |

| p3-14-07 | **das Radieschen** [라디쉔] 무 | p3-14-08 | **die Karotte** [카로테] 당근 |

| p3-14-09 | **der Kürbis** [퀴르비스] 호박 | p3-14-10 | **die Gurke** [구어케] 오이 |

Part 3

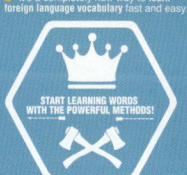 

상식 기본단어
독일어 상식 기본단어

p3-14-11 die Zwiebel [츠비벨] 양파	**p3-14-12 der Knoblauch** [크노블라우흐] 마늘
p3-14-13 der Brokkoli [브로콜리] 브로콜리	**p3-14-14 der Paprika** [파프리카] 파프리카
p3-14-15 die Bohne [보네] 콩	**p3-14-16 die Erbse** [에릅제] 완두콩
p3-14-17 der Mais [마이스] 옥수수	**p3-14-18 die Tomate** [토마테] 토마토
p3-14-19 die Kartoffel [카르토펠] 감자	**p3-14-20 die Aubergine** [오버지네] 가지

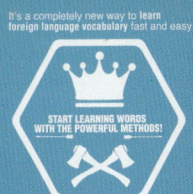 

15. 독일어 상식 기본단어 : 지리/지형

독일어의 상식이 되는 기본단어, 지리 및 지형 표현을 정리했습니다.

| p3-15-01 | **der Berg** [베르크] 산 |
| p3-15-02 | **das Meer** [메어] 바다 |

| p3-15-03 | **der Fluss** [플루쓰] 강 |
| p3-15-04 | **das Tal** [탈] 계곡 |

| p3-15-05 | **der Ozean** [오체안] 대양 |
| p3-15-06 | **der Gletscher** [글레쳐] 빙하 |

| p3-15-07 | **die See** [제] 바다 |
| p3-15-08 | **der See** [제] 호수 |

| p3-15-09 | **der Strand** [슈트란트] 해변 |
| p3-15-10 | **die Insel** [인젤] 섬 |

Part 3

상식 기본단어
독일어 상식 기본단어

p3-15-11 der Wald
[발트] 숲

p3-15-12 die Spitze
[슈피체] 산꼭대기

p3-15-13 der Wasserfall
[바써팔] 폭포

p3-15-14 die Ebene
[에베네] 평야

p3-15-15 die Schlucht
[슐루흐트] 협곡

p3-15-16 der Hügel
[휘겔] 언덕

p3-15-17 die Wüste
[뷔스테] 사막

p3-15-18 der Sumpf
[줌프] 늪

p3-15-19 die Klippe
[클리페] 절벽

p3-15-20 der Teich
[타이히] 연못

16. 독일어 상식 기본단어 : 시설/기관

독일어의 상식이 되는 기본단어, 시설 및 기관명을 정리했습니다.

p3-16-01 **das Gebäude**
[게보이데] 건물

p3-16-02 **die Brücke**
[브뤼케] 다리

p3-16-03 **das Rathaus**
[라트하우스] 시청

p3-16-04 **der Markt**
[마르크트] 시장

p3-16-05 **die Kirche**
[키르헤] 교회

p3-16-06 **der Dom**
[돔] 성당

p3-16-07 **die Polizeiwache**
[폴리차이바헤] 경찰서

p3-16-08 **das Postamt**
[포스트암트] 우체국

p3-16-09 **das Geschäft**
[게쉐프트] 상점

p3-16-10 **das Café**
[카페] 카페

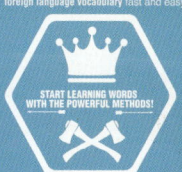

Part 3
상식 기본단어
독일어 상식 기본단어

p3-16-11 **die Bank** [방크] 은행	p3-16-12 **die Sparkasse** [슈파르카쎄] 저축은행
p3-16-13 **das Krankenhaus** [크랑켄하우스] 병원	p3-16-14 **die Apotheke** [아포테케] 약국
p3-16-15 **das Theater** [테아터] 극장	p3-16-16 **das Kino** [키노] 영화관
p3-16-17 **die Bibliothek** [비블리오텍] 도서관	p3-16-18 **der Nachtklub** [나흐트클룹] 나이트클럽
p3-16-19 **der Palast** [팔라스트] 궁전	p3-16-20 **das Schloss** [슐로쓰] 성

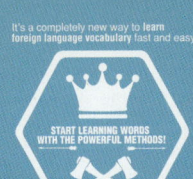

독일어의 상식이 되는 기본단어, 시설 및 기관명을 정리했습니다.

p3-16-21 **der Platz**
[플라츠] 광장

p3-16-22 **die Fabrik**
[파브릭] 공장

p3-16-23 **die Kunstgalerie**
[쿤스트갈레리] 미술관

p3-16-24 **das Museum**
[무제움] 박물관

p3-16-25 **das Stadion**
[슈타디온] 체육관

p3-16-26 **das Sportzentrum**
[슈포르트첸트룸] 스포츠센터

p3-16-27 **der Park**
[파르크] 공원

p3-16-28 **der Turm**
[투름] 타워

p3-16-29 **das Hochhaus**
[호흐하우스] 고층빌딩

p3-16-30 **das Waschhaus**
[바쉐하우스] 세탁소

Part 3

상식 기본단어
독일어 상식 기본단어

p3-16-31 **das Hallenbad** [할렌바트] 실내수영장	p3-16-32 **das Schwimmbad** [쉬빔바트] 수영장
p3-16-33 **die Fußgängerzone** [푸쓰갱어초네] 보행자구역	p3-16-34 **das Einkaufszentrum** [아인카웁스첸트룸] 쇼핑중심가
p3-16-35 **die Kneipe** [크나이페] 주점	p3-16-36 **der Imbiss** [임비스] 간이식당
p3-16-37 **der Bauernhof** [바우어른호프] 농장	p3-16-38 **die Toilette** [토일레테] 화장실
p3-16-39 **das Internetcafé** [인터넷카페] PC방	p3-16-40 **der Wartesaal** [바르테잘] 대기실

135

17. 독일어 상식 기본단어 : 스포츠

독일어의 상식이 되는 기본단어, 스포츠 종류를 정리했습니다.

| p3-17-01 | **der Fußball** [푸쓰발] 축구 | p3-17-02 | **der Basketball** [바스켓발] 농구 |

| p3-17-03 | **der Baseball** [베이스볼] 야구 | p3-17-04 | **der Volleyball** [볼리발] 배구 |

| p3-17-05 | **das Tennis** [테니스] 테니스 | p3-17-06 | **das Tischtennis** [티쉬테니스] 탁구 |

| p3-17-07 | **das Golf** [골프] 골프 | p3-17-08 | **das Billard** [빌야르트] 당구 |

| p3-17-09 | **das Boxen** [복센] 권투 | p3-17-10 | **der Ringkampf** [링캄프] 레슬링 |

Part 3

상식 기본단어
독일어 상식 기본단어

| p3-17-11 | **das Hockey** [혹키] 하키 | p3-17-12 | **das Eishockey** [아이스혹키] 아이스하키 |

p3-17-11 **das Hockey** [혹키] 하키

p3-17-12 **das Eishockey** [아이스혹키] 아이스하키

p3-17-13 **das Rugby** [럭비] 럭비

p3-17-14 **das Kricket** [크리켓] 크리켓

p3-17-15 **der Ski** [쉬] 스키

p3-17-16 **die Eisfahrt** [아이스파르트] 스케이팅

p3-17-17 **der Eiskunstlauf** [아이스쿤스트라우프] 피겨스케이팅

p3-17-18 **das Turnen** [투르넨] 체조

p3-17-19 **das Bogenschießen** [보겐쉬쎈] 양궁

p3-17-20 **der Sport** [슈포르트] 스포츠

Start learning a language with the powerful methods!

Conquer them all!

Learn foreign language vocabulary

Part 4. 필수 여행단어

독일어 필수 여행단어 100개를 챙기자!

1. 독일 필수 여행단어 : 개인정보
2. 독일 필수 여행단어 : 공항
3. 독일 필수 여행단어 : 호텔
4. 독일 필수 여행단어 : 교통
5. 독일 필수 여행단어 : 식당
6. 독일 필수 여행단어 : 관광
7. 독일 필수 여행단어 : 쇼핑
8. 독일 필수 여행단어 : 전화/우편/은행
9. 독일 필수 여행단어 : 응급상황
10. 독일 필수 여행단어 : 문제상황

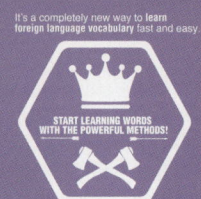 

Part 4. 필수 여행단어
독일어 필수 여행단어 100개를 챙기자!

당장 독일 여행을 떠나실 분들을 위한 기본 단어 베스트 100가지입니다.
독일 여행에서 만나게 될 10가지 상황의 기본 단어들을 정리했습니다.

상황별로 중요한 표현만 엄선했습니다.
개별 상황의 좀 더 다양한 표현들은 Part 5.에서 추가적으로 학습하시면 됩니다.

아울러 학습하신 여행자용 독일어 단어를 곧바로 사용하실 수 있도록
독일 여행자용 핵심 문형 3가지를 소개해 드리겠습니다.
더도 말고 덜도 말고, 핵심 문형 딱 3가지만 알면 됩니다.
문장의 빈 곳에 '필수 여행단어'를 넣어 문장을 완성하시면 됩니다.

핵심문형 1.

~, bitte.
[~, 비테] ~, 부탁합니다.

bitte 는 영어의 **please** 입니다.
'단어 + **bitte**.' 하시면 원하시는 것을 청할 수 있습니다.

Start learning a language with the powerful methods!

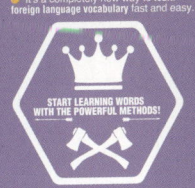 

Part 4
필수 여행단어
독일어 필수 여행단어

핵심문형 2.

Wo ist ~?
[보 이스트 ~?] ~은/는 어디입니까?

~ 자리에 '공항, 병원, 경찰서' 등 건물, 장소명을 넣고 말하면
길을 안내받으실 수 있습니다.

핵심문형 3.

Ich möchte ~.
[이히 뫼히테 ~.] 나는 ~을/를 원합니다 / ~ 하고 싶습니다.

~ 자리에 '사물' 이나 '동사의 원형'을 넣으면
여러분이 원하시는 것을 얻거나 하실 수 있습니다.

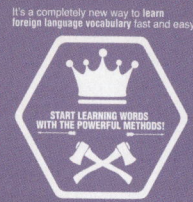

1. 독일 필수 여행단어 : 개인정보

독일 여행에 꼭 필요한 필수단어, 개인정보 관련 표현을 정리했습니다.

p4-01-01 der Familienname [파밀리엔나메] 성	**p4-01-02 der Vorname** [포어나메] 명 (이름)
p4-01-03 das Geburtsdatum [게부르츠다툼] 생년월일	**p4-01-04 die Nationalität** [나찌오날리테트] 국적
p4-01-05 die Passnummer [파쓰눔머] 여권번호	**p4-01-06 die Flugnummer** [플룩눔머] 항공편번호
p4-01-07 die Adresse [아드레쎄] 주소	**p4-01-08 die Kontaktnummer** [콘탁트눔머] 연락처
p4-01-09 der Abfahrtsort [압파르츠오르트] 출발지	**p4-01-10 das Ziel** [치엘] 목적지

Part 4
필수 여행단어
독일어 필수 여행단어

2. 독일 필수 여행단어 : 공항

독일 여행에 꼭 필요한 필수단어, 공항 관련 표현을 정리했습니다.

p4-02-01 der Flughafen [플룩하펜] 공항	**p4-02-02** der Schalter [샬터] 카운터
p4-02-03 der Pass [파쓰] 여권	**p4-02-04** das Visum [비줌] 비자
p4-02-05 das Flugticket [플룩티켓] 항공권	**p4-02-06** die Bordkarte [보르트카르테] 탑승권
p4-02-07 der Flugsteig [플룩슈타이크] 탑승구	**p4-02-08** die Einreise [아인라이제] 입국
p4-02-09 der Zoll [촐] 세관	**p4-02-10** die Ausreise [아우스라이제] 출국

3. 독일 필수 여행단어 : 호텔

독일 여행에 꼭 필요한 필수단어, 호텔에서 필요한 표현을 정리했습니다.

| p4-03-01 | **das Hotel** [호텔] 호텔 |
| p4-03-02 | **die Reservierung** [레저비어룽] 예약 |

| p4-03-03 | **einchecken** [아인체켄] 체크인하다 |
| p4-03-04 | **der Zimmerpreis** [침머프라이스] 객실요금 |

| p4-03-05 | **die Kaution** [카우찌온] 보증금 |
| p4-03-06 | **die Zimmernummer** [침머눔머] 객실번호 |

| p4-03-07 | **die Lobby** [로비] 로비 |
| p4-03-08 | **der Zimmerservice** [침머서비스] 룸서비스 |

| p4-03-09 | **der Weckruf** [베크루프] 모닝콜 |
| p4-03-10 | **auschecken** [아우스체켄] 체크아웃하다 |

Part 4
필수 여행단어
독일어 필수 여행단어

4. 독일 필수 여행단어 : 교통

독일 여행에 꼭 필요한 필수단어, 교통 관련 표현을 정리했습니다.

p4-04-01 das Flugzeug [플룩초이크] 항공기

p4-04-02 der Bus [부스] 버스

p4-04-03 das Taxi [탁시] 택시

p4-04-04 der Zug [추크] 기차

p4-04-05 die U-Bahn [우-반] 지하철

p4-04-06 das Schiff [쉬프] 선박

p4-04-07 die Bushaltestelle [부스할테슈텔레] 버스정류장

p4-04-08 der Bahnhof [반호프] 기차역

p4-04-09 der Bahnsteig [반슈타이크] 플랫폼

p4-04-10 der Führerschein [퓌러샤인] 운전면허증

5. 독일 필수 여행단어 : 식당

독일 여행에 꼭 필요한 필수단어, 식당 관련 표현을 정리했습니다.

p4-05-01 **das Restaurant** [레스토랑] 식당	**p4-05-02** **die Speisekarte** [슈파이제카르테] 메뉴
p4-05-03 **bestellen** [베슈텔렌] 주문하다	**p4-05-04** **die Empfehlung des Küchenchefs** [엠프펠룽 데스 퀴헨쉐프스] 추천요리
p4-05-05 **à la carte** [아 라 까르뜨] 일품요리	**p4-05-06** **die Vorspeise** [포어슈파이제] 전채요리
p4-05-07 **der Salat** [잘라트] 샐러드	**p4-05-08** **die Suppe** [줍페] 수프
p4-05-09 **das Hauptgericht** [하우프트게리히트] 주요리	**p4-05-10** **der Nachtisch** [나흐티쉬] 디저트

Start learning a language with the **powerful methods!**

Part 4
필수 여행단어
독일어 필수 여행단어

6. 독일 필수 여행단어 : 관광

독일 여행에 꼭 필요한 필수단어, 관광 관련 표현을 정리했습니다.

p4-06-01 die Information [인포르마찌온] 안내소	**p4-06-02** der Fremdenführer [프렘덴퓌러] 가이드
p4-06-03 die Broschüre [브로쉬레] 팸플릿	**p4-06-04** die Sehenswürdigkeit [제엔스뷔르디히카이트] 관광명소
p4-06-05 der Stadtplan [슈타트플란] 시내지도	**p4-06-06** die Tour [투어] 투어
p4-06-07 das Reisebüro [라이제뷔로] 여행사	**p4-06-08** die Innenstadt [인넨슈타트] 중심가
p4-06-09 die Einkaufsstraße [아인카웁스슈트라쎄] 쇼핑가	**p4-06-10** der Platz [플라츠] 광장

7. 독일 필수 여행단어 : 쇼핑

독일 여행에 꼭 필요한 필수단어, 쇼핑 관련 표현을 정리했습니다.

p4-07-01 **der Einkauf** [아인카우프] 쇼핑

p4-07-02 **der Supermarkt** [주퍼마르크트] 슈퍼마켓

p4-07-03 **der Lebensmittelladen** [레벤스미텔라덴] 생필품점

p4-07-04 **der Markt** [마르크트] 시장

p4-07-05 **der Flohmarkt** [플로마르크트] 벼룩시장

p4-07-06 **der Souvenirladen** [수베니어라덴] 기념품점

p4-07-07 **das Kaufhaus** [카우프하우스] 백화점

p4-07-08 **der Duty-Free-Shop** [듀티-프리-슙] 면세점

p4-07-09 **der Schlussverkauf** [슐루쓰페어카우프] 세일

p4-07-10 **bezahlen** [베찰렌] 계산하다

Part 4

필수 여행단어
독일어 필수 여행단어

8. 독일 필수 여행단어 : 전화/우편/은행

독일 여행에 꼭 필요한 필수단어, 전화/우편/은행 관련 표현을 정리했습니다.

p4-08-01 das Telefon
[텔레폰] 전화

p4-08-02 die Telefonzelle
[텔레폰첼레] 공중전화

p4-08-03 die Telefonnummer
[텔레폰눔머] 전화번호

p4-08-04 der Notruf
[노트루프] 긴급통화

p4-08-05 das R-Gespräch
[에르-게슈프레히] 수신자부담통화

p4-08-06 das Auslandsgespräch
[아우스란츠게슈프레히] 국제전화

p4-08-07 das Postamt
[포스트암트] 우체국

p4-08-08 die Eilpost
[아일포스트] 속달

p4-08-09 die Bank
[방크] 은행

p4-08-10 der Geldautomat
[겔트아우토마트] 현금자동입출금기

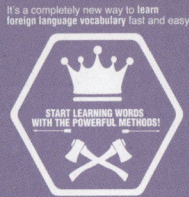

9. 독일 필수 여행단어 : 응급상황

독일 여행에 꼭 필요한 필수단어, 응급상황 관련 표현을 정리했습니다.

p4-09-01 **das Krankenhaus** [크랑켄하우스] 병원	**p4-09-02** **die Verletzung** [페어레충] 부상
p4-09-03 **die Kopfschmerzen** [코프쉬메르첸] 두통	**p4-09-04** **die Magenschmerzen** [마겐슈메르첸] 위통
p4-09-05 **die Regelschmerzen** [레겔슈메르첸] 생리통	**p4-09-06** **die Zahnschmerzen** [찬슈메르첸] 치통
p4-09-07 **die Apotheke** [아포테케] 약국	**p4-09-08** **das Rezept** [레젭트] 처방전
p4-09-09 **das Verdauungsmittel** [페어다우웅스미텔] 소화제	**p4-09-10** **das Grippemittel** [그립페미텔] 감기약

Start learning a language with the powerful methods!

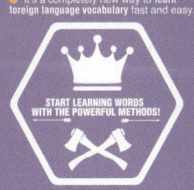 

Part 4
필수 여행단어
독일어 필수 여행단어

P4

10. 독일 필수 여행단어 : 문제상황

독일 여행에 꼭 필요한 필수단어, 문제상황 관련 표현을 정리했습니다.

p4-10-01 **der Notfall** [노트팔] 위급상황	**p4-10-02** **der Unfall** [운팔] 사고
p4-10-03 **der Verlust** [페어루스트] 분실	**p4-10-04** **der Diebstahl** [딥슈탈] 도난/절도
p4-10-05 **der Räuber** [로이버] 강도	**p4-10-06** **das Polizeiamt** [폴리차이암트] 경찰서
p4-10-07 **anmelden** [안멜덴] 신고하다	**p4-10-08** **die Bestätigung** [베슈테티궁] 확인서
p4-10-09 **die Botschaft** [보트샤프트] 대사관	**p4-10-10** **Hilfe!** [힐페] 도와주세요!

151

Start learning a language with the powerful methods!

Conquer them all!

Learn foreign language vocabulary

Part 5. 테마 생활단어

테마별 독일어 단어로 공간을 장악하라!

1~16. 가정에서 필요한 독일어 단어

17~26. 학교에서 필요한 독일어 단어

27~35. 회사에서 필요한 독일어 단어

36~39. 교통수단 이용에 필요한 독일어 단어

40~44. 식사할 때 필요한 독일어 단어

45~50. 쇼핑할 때 필요한 독일어 단어

51~53. 공공기관에서 필요한 독일어 단어

54~60. 편의시설에서 필요한 독일어 단어

Start learning a language with the powerful methods!

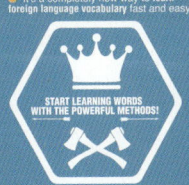 

Part 5
테마 생활단어
독일어 테마 생활단어

Part 5. 테마 생활단어
테마별 독일어 단어로 공간을 장악하라!

파트 특성 :

Part 5.는 총 60개의 생활 테마를 중심으로 단어를 정리한 파트입니다.
전체 테마는 '가정 / 학교 / 회사 / 교통수단 / 식사 / 쇼핑 / 공공기관 / 편의시설' 등
8개의 주요 공간으로 구성되어 있습니다.
아울러 테마 생활단어 코너는
Part 1부터 Part 4까지 앞에서 배운 단어들을 모두 동원하여 함께 활용할 수 있습니다.

파트 구성 :

Part 5.의 각각의 테마는
동사 5개, 명사 10개, 형용사/부사 등 기타 5개
그리고 이들 단어를 활용한 예문 4~5개로 구성되어 있습니다.

학습 방법 :

Part 5.의 학습 방법은
기본적인 인칭대명사(나/너/그 등)을
문장 맨 앞에 그 다음에 '동사 + 명사 또는 형용사 / 부사' 등으로
문장을 만들어 내실 수 있습니다.
이런 방식으로 단어를 교체하면서 다양한 문장을 만들어내면,
이것이 곧바로 독일어 문장력/회화력이 될 것입니다.

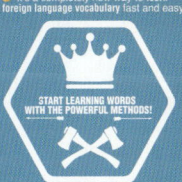  

Part 5
테마 생활단어
독일어 테마 생활단어

P5

 꼭 필요한 동사 5개!
독일어 동사는 인칭에 따라 어미를 변화시켜야 합니다.

p5-01-01
aufstehen
[아우프슈테엔] 일어나다 (분리동사) **du stehst auf / er steht auf**

p5-01-02
aufwachen
[아우프바헨] 잠을 깨다 (분리동사) **du wachst auf / er wacht auf**

p5-01-03
wecken
[베켄] 깨우다 **du weckst / er weckt**

p5-01-04
schlafen
[슐라펜] 잠자다 **du schläfst / er schläft**

p5-01-05
verschlafen
[페어슐라펜] 늦잠 자다 **du verschläfst / er verschläft**

It's a completely new way to **learn foreign language vocabulary** fast and easy.

꼭 필요한 명사 10개!
독일어 명사는 정관사와 함께 기억해 주십시오.

p5-01-06	**das Schlafzimmer** [슐라프침머] 침실
p5-01-07	**das Bett** [베트] 침대
p5-01-08	**das Kopfende** [콥프엔데] 침대 머리끝
p5-01-09	**das Fußende** [푸쓰엔데] 침대 발끝
p5-01-10	**die Schlafdecke** [슐라프데케] 이불
p5-01-11	**das Betttuch** [베트투흐] 침대보
p5-01-12	**das Kopfkissen** [콥프키쎈] 베개
p5-01-13	**der Kopfkissenbezug** [콥프키쎈베축] 베개커버
p5-01-14	**der Wecker** [베커] 자명종
p5-01-15	**die Matratze** [마트라체] 매트리스

Part 5

테마 생활단어
독일어 테마 생활단어

문장을 완성하는 도우미들!

p5-01-16 früh
[프뤼] 일찍

p5-01-17 noch
[노흐] 아직

p5-01-18 in
[인] ~에/안에

p5-01-19 mich
[미히] 나를

p5-01-20 tief
[티프] 깊은

단어에서 회화 실력으로!

p5-01-21 Ich stehe früh auf.
[이히 슈테에 프뤼 아우프] 나는 일찍 기상합니다.

p5-01-22 Sie schläft noch im Bett.
[지 슐레프트 노흐 임 베트] 그녀는 아직 침대에서 잡니다.

p5-01-23 Der Wecker weckt mich.
[데어 베커 벡트 미히] 자명종이 나를 깨웁니다.

p5-01-24 Ich schlafe tief im Schlafzimmer.
[이히 슐라페 티프 임 슐라프침머] 나는 침실에서 깊이 잡니다.

Part 5
테마 생활단어
독일어 테마 생활단어

꼭 필요한 동사 5개!
독일어 동사는 인칭에 따라 어미를 변화시켜야 합니다.

p5-02-01
pinkeln
[핑켈른] 소변 보다   du pinkelst / er pinkelt

p5-02-02
besetzen
[베제첸] 차지하다   du besetzt / er besetzt

p5-02-03
sein
[자인] ~이다/있다   du bist / er ist

p5-02-04
mögen
[뫼겐] 좋아하다   du magst / er magt

p5-02-05
geben
[게벤] 주다   du gibst / er gibt

It's a completely new way to **learn** foreign language vocabulary fast and easy.

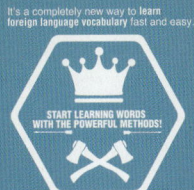

꼭 필요한 명사 10개!
독일어 명사는 정관사와 함께 기억해 주십시오.

p5-02-06 **die Toilette**
[토일레테] 화장실

p5-02-07 **das Klo**
[클로] 화장실

p5-02-08 **das Klosett**
[클로제트] 변기

p5-02-09 **die Klobrille**
[클로브릴레] 변기좌대

p5-02-10 **der Klodeckel**
[클로데켈] 변기뚜껑

p5-02-11 **der Wasserkasten**
[바써카스텐] 변기수조

p5-02-12 **der Spülhebel**
[슈퓔헤벨] 변기레버

p5-02-13 **das Toilettenpapier**
[토일레텐파피어] 화장지

p5-02-14 **der Toilettenpapierhalter**
[토일레텐파피어할터] 휴지걸이

p5-02-15 **das Bidet**
[비데] 비데

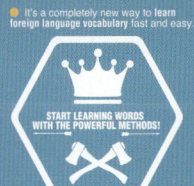

Part 5
테마 생활단어
독일어 테마 생활단어

문장을 완성하는 도우미들!

p5-02-16 **wo**
[보] 어디

p5-02-17 **schon**
[숀] 이미

p5-02-18 **besetzt**
[베제츠트] 점유된

p5-02-19 **frei**
[프라이] 빈/자유로운

p5-02-20 **eilig**
[아일리히] 급한

p5-02-21 **kaputt**
[카푸트] 고장난

단어에서 회화 실력으로!

p5-02-22 **Wo ist die Toilette?**
[보 이스트 디 토일레테?] 화장실이 어디에 있습니까?

p5-02-23 **Ich möchte eilig pinkeln.**
[이히 뫼히테 아일리히 핑켈른] 나는 급히 소변을 보고 싶습니다.

p5-02-24 **Die Toilette ist schon besetzt.**
[디 토일레테 이스트 숀 베제츠트] 화장실은 이미 사용되고 있습니다.

p5-02-25 **Gib mir das Toilettenpapier!**
[깁 미어 다스 토일렛텐파피어!] 화장지 좀 주세요!

p5-02-26 **Der Spülhebel ist kaputt.**
[데어 슈퓔헤벨 이스트 카푸트] 변기레버가 고장 났습니다.

Part 5
테마 생활단어
독일어 테마 생활단어

꼭 필요한 동사 5개!
독일어 동사는 인칭에 따라 어미를 변화시켜야 합니다.

---

p5-03-01
brauchen
[브라우헨] 필요하다   du brauchst / er braucht

p5-03-02
sich waschen
[지히 바셴] 씻다 (재귀동사)   du wäschst / er wäscht

p5-03-03
sich duschen
[지히 두셴] 샤워하다 (재귀동사)   du duschst / er duscht

p5-03-04
putzen
[푸첸] 닦다   du putzt / er putzt

p5-03-05
benutzen
[베누첸] 사용하다   du benutzt / er benutzt

꼭 필요한 명사 10개!
독일어 명사는 정관사와 함께 기억해 주십시오.

p5-03-06 **das Badezimmer**
[바데침머] 욕실

p5-03-07 **das Waschbecken**
[바쉬베켄] 세면기

p5-03-08 **die Zahnbürste**
[찬뷔르스테] 칫솔

p5-03-09 **die Zahnpasta**
[찬파스타] 치약

p5-03-10 **das Zahnputzglas**
[찬푸츠글라스] 양치컵

p5-03-11 **die Seife**
[자이페] 비누

p5-03-12 **der Wasserhahn**
[바써한] 수도꼭지

p5-03-13 **der Rasierapparat**
[라지어아파라트] 면도기

p5-03-14 **der Spiegel**
[슈피겔] 거울

p5-03-15 **das Handtuch**
[한트투흐] 수건

Part 5
테마 생활단어
독일어 테마 생활단어

문장을 완성하는 도우미들!

p5-03-16 mir
[미어] 나 자신에게 (재귀대명사)

p5-03-17 mich
[미히] 나 자신을 (재귀대명사)

p5-03-18 mein
[마인] 나의 (소유대명사)

p5-03-19 die Hand
[한트] 손

p5-03-20 die Zähne
[체네] 치아

단어에서 회화 실력으로!

p5-03-21 Ich brauche eine Zahnbürste.
[이히 브라우헤 아이네 찬뷔르스테] 나는 칫솔 하나가 필요합니다.

p5-03-22 Ich wasche mir meine Hände.
[이히 바쉐 미어 마이네 헨데] 나는 내 양손을 씻습니다.

p5-03-23 Ich putze mir die Zähne.
[이히 푸체 미어 디 체네] 나는 이를 닦습니다.

p5-03-24 Ich dusche mich.
[이히 두쉐 미히] 나는 샤워를 합니다.

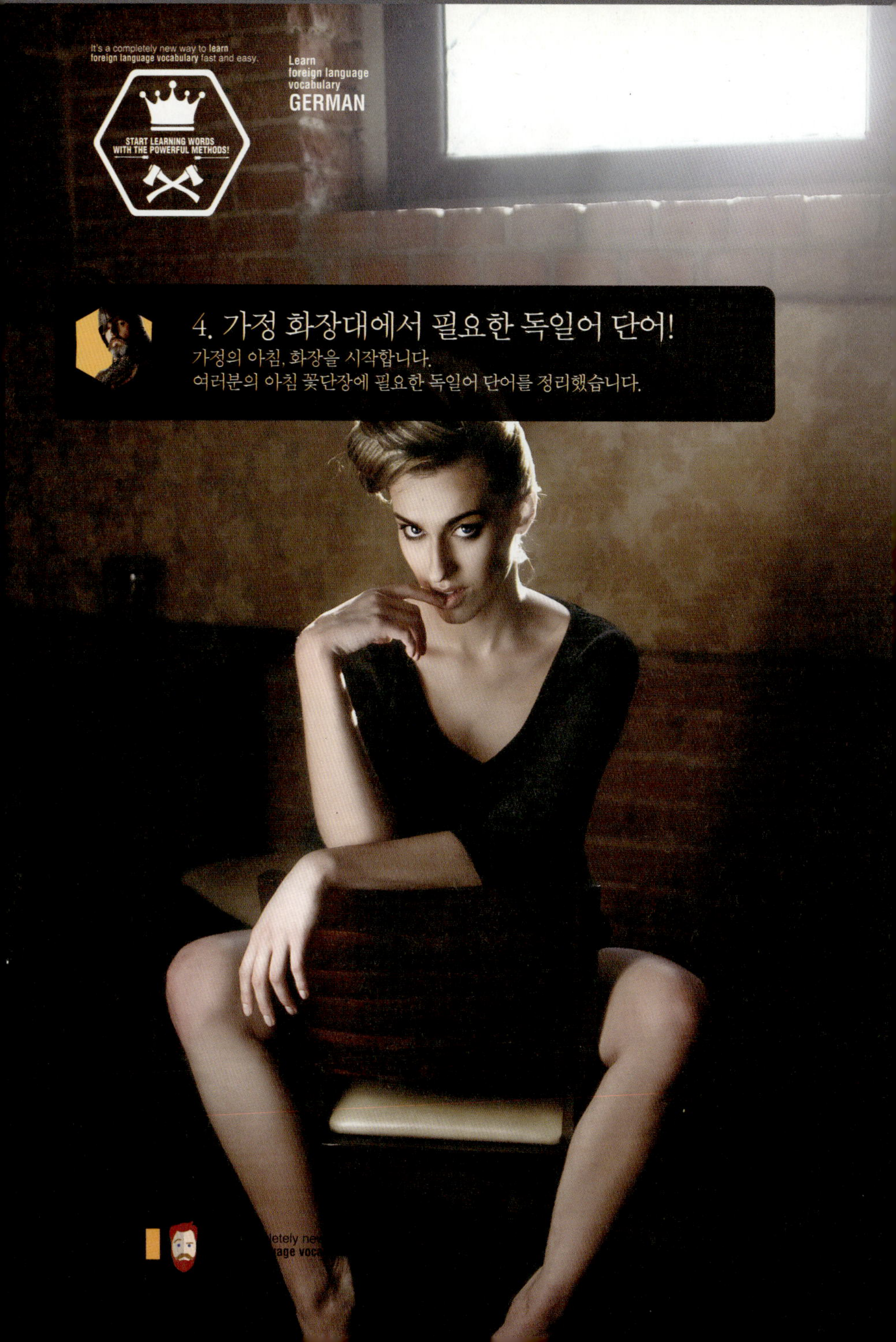

It's a completely new way to **learn foreign language vocabulary** fast and easy.

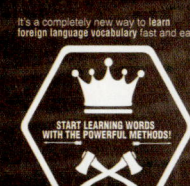

Learn
foreign language
vocabulary
GERMAN

4. 가정 화장대에서 필요한 독일어 단어!

가정의 아침. 화장을 시작합니다.
여러분의 아침 꽃단장에 필요한 독일어 단어를 정리했습니다.

Part 5
테마 생활단어
독일어 테마 생활단어

 꼭 필요한 동사 5개!
독일어 동사는 인칭에 따라 어미를 변화시켜야 합니다.

p5-04-01 sich schminken
[지히 쉬밍켄] 화장하다   du schminkst / er schminkt

p5-04-02 sich abschminken
[지히 압쉬밍켄] 화장을 지우다 (분리동사) du schminkst ab / er schminkt ab

p5-04-03 sich eincremen
[지히 아인크레멘] 크림을 바르다 (분리동사) du cremst ein / er cremt ein

p5-04-04 auftragen
[아우프트라겐] 바르다 (분리동사)   du trägst auf / er trägt auf

p5-04-05 anwenden
[안벤덴] 사용하다 (분리동사)   du wendest an / er wendet an

꼭 필요한 명사 10개!
독일어 명사는 정관사와 함께 기억해 주십시오.

| p5-04-06 | **die Kosmetik** [코스메틱] 화장 |
| p5-04-07 | **das Make-up** [메이크-업] 메이크업 |

| p5-04-08 | **das Gesichtswasser** [게지히츠바써] 스킨 |
| p5-04-09 | **die Lotion** [로치온] 로션 |

| p5-04-10 | **das Gesicht** [게지히트] 얼굴 |
| p5-04-11 | **die Lippen** [립펜] 입술 |

| p5-04-12 | **die Augen** [아우겐] 눈 |
| p5-04-13 | **die Hände** [헨데] 손 |

| p5-04-14 | **die Beine** [바이네] 다리 |
| p5-04-15 | **das Schminkmittel** [쉬밍크미텔] 화장품 |

Start learning a language with the powerful methods!

Part 5
테마 생활단어
독일어 테마 생활단어

문장을 완성하는 도우미들!

p5-04-16 **mich**
[미히] 나 자신을 (재귀대명사)

p5-04-17 **sich**
[지히] 그/그녀/그것을 (재귀대명사)

p5-04-18 **wie**
[비] 어떻게

p5-04-19 **man**
[만] 사람/사람들

단어에서 회화 실력으로!

p5-04-20 **Ich schminke mich.**
[이히 쉬밍케 미히] 나는 얼굴 화장을 합니다.

p5-04-21 **Ich schminke mich ab.**
[이히 쉬밍케 미히 압] 나는 얼굴 화장을 지웁니다.

p5-04-22 **Sie cremt sich den Körper ein.**
[지 크렘트 지히 덴 쾨르퍼 아인] 그녀는 몸에 크림을 바릅니다.

p5-04-23 **Er trägt die Lotion auf.**
[에어 트렉트 디 로치온 아우프] 그는 로션을 바릅니다.

p5-04-24 **Wie wendet man Gesichtswasser an?**
[비 벤데트 만 게지히츠바써 안] 로션은 어떻게 바릅니까?

It's a completely new way to **learn foreign language vocabulary** fast and easy.

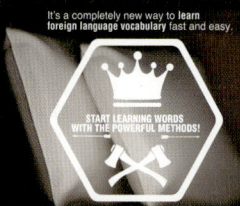

Learn
foreign language
vocabulary
GERMAN

5. 가정 드레스룸에서 필요한 독일어 단어!
가정의 아침, 드레스룸에서 필요한 독일어 단어를 정리했습니다.

Start learning a language with the powerful methods!

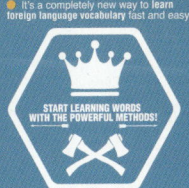 

Part 5
테마 생활단어
독일어 테마 생활단어

P5

 꼭 필요한 동사 5개!
독일어 동사는 인칭에 따라 어미를 변화시켜야 합니다.

p5-05-01
sich anziehen
[지히 안치엔] 옷을 입다 (재귀동사/분리동사)   du ziehst an / er zieht an

p5-05-02
sich ausziehen
[지히 아우스치엔] 옷을 벗다 (재귀동사/분리동사) du ziehst aus / er zieht aus

p5-05-03
sich umziehen
[지히 움치엔] 옷을 갈아입다 (재귀동사/분리동사) du ziehst um / er zieht um

p5-05-04
tragen
[트라겐] 매다/신다   du trägst / er trägt

p5-05-05
mögen
[뫼겐] 좋아하다   du magst / er mag

꼭 필요한 명사 10개!
독일어 명사는 정관사와 함께 기억해 주십시오.

p5-05-06 **der Schlafanzug**
[슐라프안축] 잠옷

p5-05-07 **die Unterhose**
[운터호제] 팬티

p5-05-08 **das Unterhemd**
[운터헴트] 러닝셔츠

p5-05-09 **die Strumpfhose**
[슈트룸프호제] 팬티스타킹

p5-05-10 **die Hose**
[호제] 바지

p5-05-11 **der Rock**
[록] 치마

p5-05-12 **das Hemd**
[헴트] 셔츠

p5-05-13 **der Mantel**
[만텔] 재킷

p5-05-14 **die Socke**
[조케] 양말

p5-05-15 **die Schuhe**
[슈에] 구두

Part 5
테마 생활단어
독일어 테마 생활단어

문장을 완성하는 도우미들!

p5-05-16 **ein** [아인] 어떤 / 하나의

p5-05-17 **eine** [아이네] 어떤 / 하나의

p5-05-18 **immer** [임머] 항상

p5-05-19 **kein** [카인] 아니다 (부정관사)

단어에서 회화 실력으로!

p5-05-20 **Ich ziehe mir den Schlafanzug aus.**
[이히 치헤 미어 덴 슐라프안축 아우스] 나는 잠옷을 벗습니다.

p5-05-21 **Ich ziehe mir eine Hose an.**
[이히 치헤 미어 아이네 호제 안] 나는 바지를 입습니다.

p5-05-22 **Er trägt immer keine Socken.**
[에어 트렉트 임머 카이네 조켄] 그는 항상 양말을 신지 않습니다.

p5-05-23 **Ich mag den Mantel.**
[이히 막 덴 만텔] 나는 그 재킷을 좋아합니다.

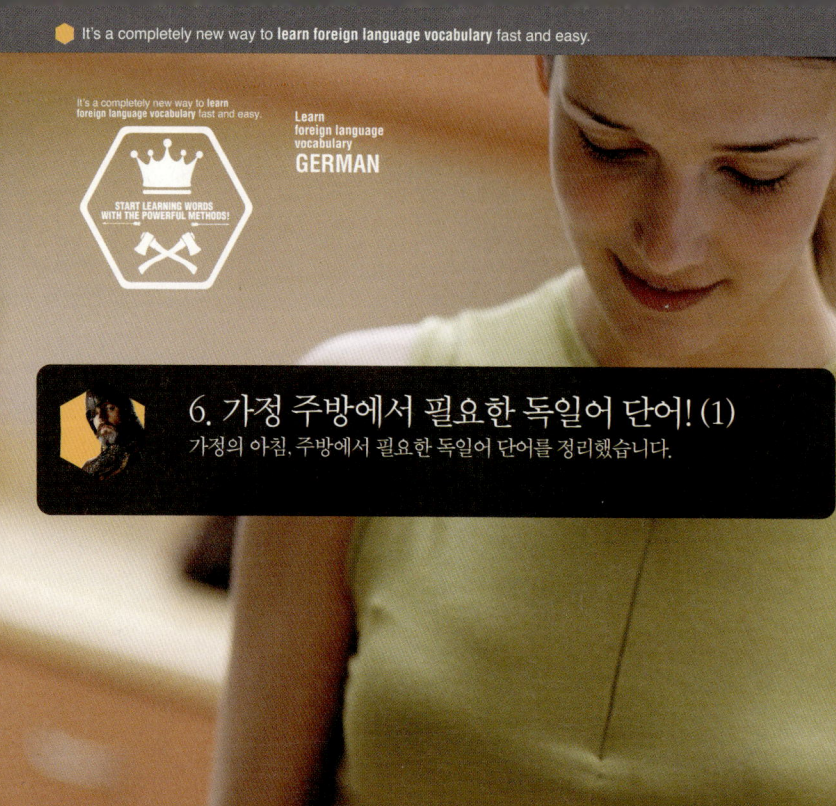

6. 가정 주방에서 필요한 독일어 단어! (1)

가정의 아침, 주방에서 필요한 독일어 단어를 정리했습니다.

Start learning a language with the powerful methods!

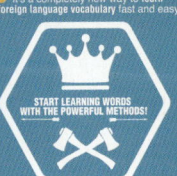

Part 5
테마 생활단어
독일어 테마 생활단어

P5

꼭 필요한 동사 5개!
독일어 동사는 인칭에 따라 어미를 변화시켜야 합니다.

---

p5-06-01
trinken
[트링켄] 마시다   du trinkst / er trinkt

p5-06-02
wünschen
[뷘쉔] 원하다   du wünschst / er wünscht

p5-06-03
gießen
[기쎈] 붓다/따르다   du gießt / er gießt

p5-06-04
schlucken
[슐룩켄] 삼키다/마시다   du schluckst / er schluckt

p5-06-05
machen
[마헨] 만들다   du machst / er macht

It's a completely new way to **learn foreign language vocabulary** fast and easy.

Learn foreign language vocabulary
GERMAN

꼭 필요한 명사 10개!
독일어 명사는 정관사와 함께 기억해 주십시오.

p5-06-06 **der Kaffee** [카페] 커피

p5-06-07 **der Tee** [테] 차

p5-06-08 **die Milch** [밀히] 우유

p5-06-09 **der Saft** [자프트] 주스

p5-06-10 **das Mineralwasser** [미네랄바써] 광천수

p5-06-11 **der Zucker** [추커] 설탕

p5-06-12 **die Kaffeemaschine** [카페마쉬네] 커피머신

p5-06-13 **der Wasserkessel** [바써케쎌] 주전자

p5-06-14 **die Tasse** [타쎄] 잔

p5-06-15 **der Kühlschrank** [퀼슈랑크] 냉장고

Part 5

테마 생활단어
독일어 테마 생활단어

문장을 완성하는 도우미들!

p5-06-16 **mit**
[미트] ~와 함께

p5-06-17 **mit Zucker**
[밋 추커] 설탕과 함께

p5-06-18 **ohne**
[오네] ~없이

p5-06-19 **noch**
[노흐] 더

p5-06-20 **was**
[바스] 무엇

단어에서 회화 실력으로!

p5-06-21 **Ich trinke eine Tasse Kaffee.**
[이히 트링케 아이네 타쎄 카페] 나는 커피 한 잔을 마십니다.

p5-06-22 **Trinkst du Kaffee mit Zucker?**
[트링크스트 두 카페 밋 추커?] 너는 커피를 설탕이랑 마시니?

p5-06-23 **Ich trinke Kaffee ohne Zucker.**
[이히 트링케 카페 오네 추커] 나는 설탕 없이 커피를 마십니다.

p5-06-24 **Wünschst du noch was?**
[뷘쉬스트 두 노흐 바스?] 너 뭐 더 원하니?

Learn foreign language vocabulary
GERMAN

7. 가정 주방에서 필요한 독일어 단어! (2)
가정의 아침, 주방에서 필요한 독일어 단어를 정리했습니다.

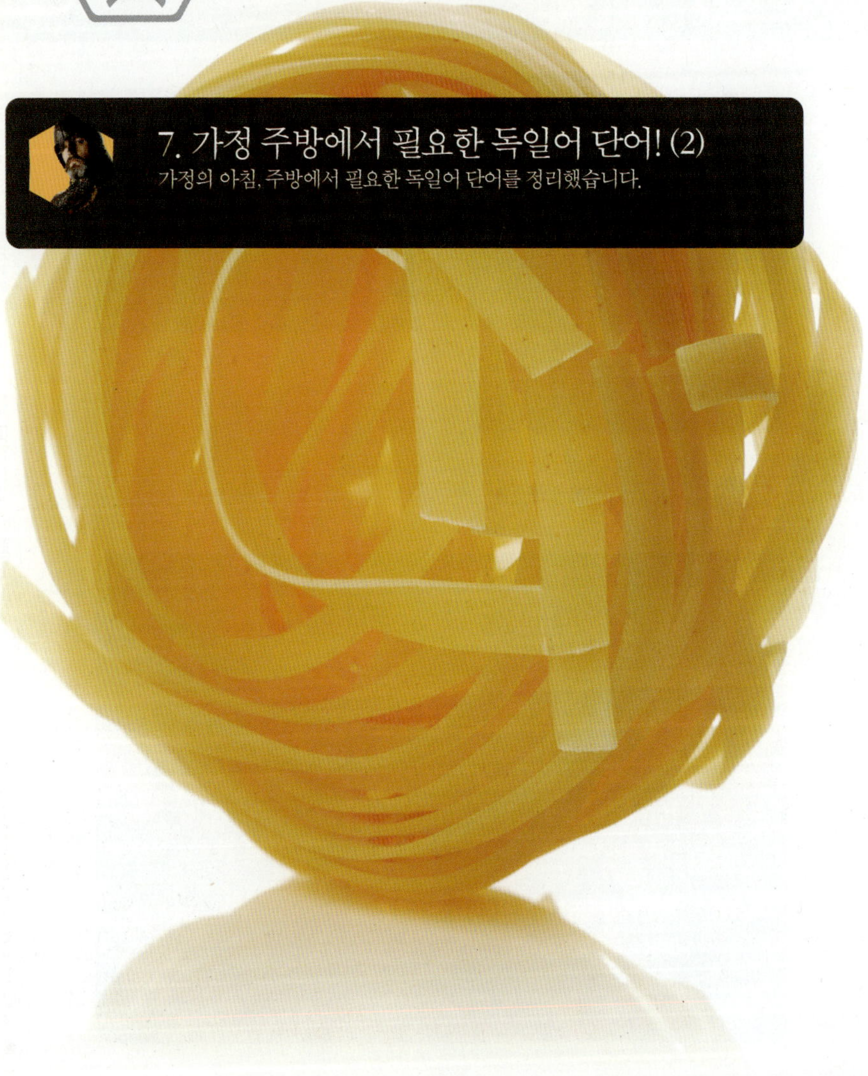

Start learning a language with the **powerful methods!**

Part 5

테마 생활단어
독일어 테마 생활단어

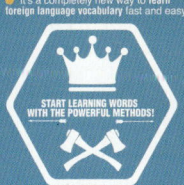

P5

꼭 필요한 동사 5개!
독일어 동사는 인칭에 따라 어미를 변화시켜야 합니다.

p5-07-01
frühstücken
[프뤼슈튁켄] 아침식사하다
du frühstückst / er frühstückt

p5-07-02
essen
[에쎈] 먹다
du isst / er isst

p5-07-03
mögen
[뫼겐] 좋아하다
du magst / er mag

p5-07-04
toasten
[토스텐] 토스트를 만들다
du toastest / er toastet

p5-07-05
rösten
[뢰스텐] 굽다
du röstest / er röstet

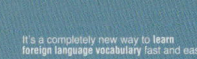
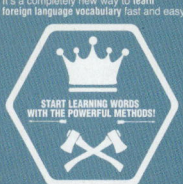

꼭 필요한 명사 10개!
독일어 명사는 정관사와 함께 기억해 주십시오.

p5-07-06	**das Brot** [브로트] 빵
p5-07-07	**das Baguette** [바게트] 바게트
p5-07-08	**der Toaster** [토스터] 토스터기
p5-07-09	**der Käse** [케제] 치즈
p5-07-10	**der Quark** [크박] 크림치즈
p5-07-11	**die Butter** [부터] 버터
p5-07-12	**die Marmelade** [마멜라데] 과일잼
p5-07-13	**der Schinken** [슁켄] 햄
p5-07-14	**die Salami** [잘라미] 살라미
p5-07-15	**die Wurst** [부어스트] 소시지

Part 5

테마 생활단어
독일어 테마 생활단어

문장을 완성하는 도우미들!

p5-07-16 **im**
[임] in dem ~에서

p5-07-17 **im Esszimmer**
[임 에쓰침머] 식당에서

p5-07-18 **gern**
[게른] 즐겨 / 기꺼이

p5-07-19 **mehr**
[메어] 더

p5-07-20 **nur**
[누어] 단지

단어에서 회화 실력으로!

p5-07-21 **Ich frühstücke im Esszimmer.**
[이히 프뤼슈틱케 임 에쓰침머.] 나는 식당에서 아침을 먹습니다.

p5-07-22 **Ich esse gern Baguette.**
[이히 에쎄 게른 바게트.] 나는 바게트를 즐겨 먹습니다.

p5-07-23 **Ich esse nur den Toast.**
[이히 에쎄 누어 덴 토스트.] 나는 토스트만 먹습니다.

p5-07-24 **Ich möchte mehr Brot.**
[이히 뫼히테 메어 브로트.] 나는 빵을 좀 더 원합니다.

8. 가정 주방에서 필요한 독일어 단어! (3)

가정의 아침, 식탁에서 필요한 독일어 단어를 정리했습니다.

Start learning a language with the **powerful methods!**

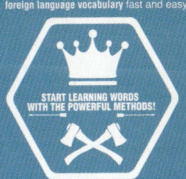

Part 5
테마 생활단어
독일어 테마 생활단어

P5

 꼭 필요한 동사 5개!
독일어 동사는 인칭에 따라 어미를 변화시켜야 합니다.

---

p5-08-01
essen
[에쎈] 먹다 — du isst / er isst

p5-08-02
liegen
[리겐] 놓여있다 — du liegst / er liegt

p5-08-03
stellen
[슈텔렌] 놓다 — du stellst / er stellt

p5-08-04
schneiden
[슈나이덴] 자르다 — du schneidest / er schneidet

p5-08-05
abräumen
[압로이멘] 치우다 (분리동사) — du räumst ab / er räumt ab

It's a completely new way to **learn foreign language vocabulary** fast and easy.

꼭 필요한 명사 10개!
독일어 명사는 정관사와 함께 기억해 주십시오.

| p5-08-06 | **die Gabel** [가벨] 포크 |
| p5-08-07 | **das Messer** [메써] 나이프 |

| p5-08-08 | **der Löffel** [뢰펠] 스푼 |
| p5-08-09 | **das Stäbchen** [슈탭헨] 젓가락 |

| p5-08-10 | **die Tasse** [타쎄] 잔 |
| p5-08-11 | **das Glas** [글라스] 컵 |

| p5-08-12 | **der Teller** [텔러] 접시 |
| p5-08-13 | **der Topf** [토프] 냄비 |

| p5-08-14 | **die Pfanne** [판네] 프라이팬 |
| p5-08-15 | **das Geschirr** [게쉬르] 식기 |

Part 5
테마 생활단어
독일어 테마 생활단어

문장을 완성하는 도우미들!

p5-08-16 mit
[밋] ~로/~함께

p5-08-17 auf
[아우프] 위에/위로

p5-08-18 hier
[히어] 여기에

p5-08-19 dort
[도르트] 저기에

p5-08-20 vom
[폼] von dem ~로부터/에서

단어에서 회화 실력으로!

p5-08-21 Ich esse mit Messer und Gabel.
[이히 에쎄 밋 메써 운트 가벨] 나는 나이프와 포크로 먹습니다.

p5-08-22 Hier liegt ein Messer.
[히어 릭트 아인 메써] 여기에 나이프 하나가 놓여있습니다.

p5-08-23 Er stellt die Tasse auf den Tisch.
[에어 슈텔트 디 타쎄 아우프 덴 티쉬] 그는 잔을 테이블 위에 놓습니다.

p5-08-24 Sie räumt das Geschirr vom Tisch ab.
[지 로임트 다스 게쉬르 폼 티쉬 압] 그녀는 테이블에서 식기를 치웁니다.

9. 가정에서 요리할 때 필요한 독일어 단어! (1)

가정의 주방에서 필요한 독일어 단어를 정리했습니다.

Part 5
테마 생활단어
독일어 테마 생활단어

꼭 필요한 동사 5개!
독일어 동사는 인칭에 따라 어미를 변화시켜야 합니다.

p5-09-01
kochen
[코헨] 끓이다
du kochst / er kocht

p5-09-02
braten
[브라텐] (고기를) 굽다
du brätst / er brät

p5-09-03
backen
[바켄] (빵을) 굽다
du bäckst / er bäckt

p5-09-04
schneiden
[슈나이덴] 자르다
du schneidest / er schneidet

p5-09-05
dämpfen
[뎀펜] 삶다
du dämpfst / er dämpft

꼭 필요한 명사 10개!
독일어 명사는 정관사와 함께 기억해 주십시오.

| p5-09-06 | **das Fleisch** [플라이쉬] 고기 | p5-09-07 | **der Fisch** [피쉬] 생선 |

| p5-09-08 | **das Rindfleisch** [린트플라이쉬] 소고기 | p5-09-09 | **das Schweinefleisch** [슈바이네플라이쉬] 돼지고기 |

| p5-09-10 | **das Huhn** [훈] 닭 | p5-09-11 | **das Lamm** [람] 양 |

| p5-09-12 | **das Ei** [아이] 계란 | p5-09-13 | **der Reis** [라이스] 쌀 |

| p5-09-14 | **die Nudeln** [누델른] 국수 / 면 | p5-09-15 | **die Kartoffel** [카르토펠] 감자 |

Part 5

테마 생활단어
독일어 테마 생활단어

문장을 완성하는 도우미들!

- p5-09-16 **im** [임] in dem ~안에
- p5-09-17 **ein** [아인] 하나의 (부정관사)
- p5-09-18 **wie** [비] 어떻게
- p5-09-19 **richtig** [리히티히] 제대로

단어에서 회화 실력으로!

- p5-09-20 **Ich koche die Kartoffeln im Topf.**
  [이히 코헤 디 카르토펠른 임 토프] 나는 냄비에 감자들을 끓인다.

- p5-09-21 **Er brät ein Fisch in der Pfanne.**
  [에어 브렛 아인 피쉬 인 데어 판네] 그는 프라이팬에 생선을 굽는다.

- p5-09-22 **Sie backt ein Brot.**
  [지 박트 아인 브로트] 그녀는 빵 하나를 굽는다.

- p5-09-23 **Wie brate ich Fleisch richtig?**
  [비 브라테 이히 플라이쉬 리히티히?] 고기를 어떻게 제대로 굽습니까?

10. 가정에서 요리할 때 필요한 독일어 단어! (2)

가정의 주방에서 맛을 낼 때 필요한 독일어 단어를 정리했습니다.

Part 5

테마 생활단어
독일어 테마 생활단어

꼭 필요한 동사 5개!
독일어 동사는 인칭에 따라 어미를 변화시켜야 합니다.

p5-10-01 dürfen
[뒤르펜] 해도 좋다
du darfst / er darf

p5-10-02 probieren
[프로비어렌] 맛보다
du probierst / er probiert

p5-10-03 brauchen
[브라우헨] 필요하다
du brauchst / er braucht

p5-10-04 reichen
[라이헨] 건네다
du reichst / er reicht

p5-10-05 bitten
[비텐] 부탁하다
du bittest / er bittet

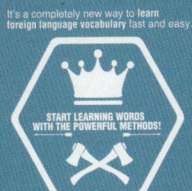

꼭 필요한 명사 10개!
독일어 명사는 정관사와 함께 기억해 주십시오.

p5-10-06	**das Gewürz** [게뷔르츠] 양념
p5-10-07	**das Salz** [잘츠] 소금
p5-10-08	**der Pfeffer** [페퍼] 후추
p5-10-09	**der Senf** [젠프] 겨자
p5-10-10	**der Paprika** [파프리카] 고추
p5-10-11	**die Sojasoße** [조야조쎄] 간장
p5-10-12	**der Knoblauch** [크노블라우흐] 마늘
p5-10-13	**das Öl** [욀] 기름
p5-10-14	**die Mayonnaise** [마요네제] 마요네즈
p5-10-15	**das Ketchup** [케첩] 케첩

Part 5
테마 생활단어
독일어 테마 생활단어

문장을 완성하는 도우미들!

p5-10-16 scharf
[샤르프] 매운

p5-10-17 salzig
[잘치히] 짠

p5-10-18 süß
[쥐쓰] 단

p5-10-19 sauer
[자우어] 신

p5-10-20 mal
[말] 한번

p5-10-21 mit
[밋] ~와 함께

단어에서 회화 실력으로!

p5-10-22 Darf ich mal probieren?
[다르프 이히 말 프로비어렌?] 한번 맛봐도 됩니까?

p5-10-23 Ich brauche noch etwas Gewürz.
[이히 브라우헤 노흐 에트바스 게뷔르츠.] 나는 양념이 좀 더 필요합니다.

p5-10-24 Bitte, mit Ketchup.
[비테, 밋 케첩.] 케첩이랑 같이 주세요.

p5-10-25 Bitte, reichen Sie mir den Salz.
[비테, 라이헨 지 미어 덴 잘츠.] 저에게 소금을 건네 주십시오.

11. 가정 가사에서 필요한 독일어 단어! (청소/설거지)
가사에서 특히 청소와 설거지 할 때 필요한 독일어 단어를 정리했습니다.

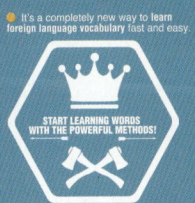

Part 5
테마 생활단어
독일어 테마 생활단어

꼭 필요한 동사 5개!
독일어 동사는 인칭에 따라 어미를 변화시켜야 합니다.

---

p5-11-01
aufräumen
[아우프로이멘] 청소하다 (분리동사)   du räumst auf / er räumt auf

p5-11-02
saubermachen
[자우버마헨] 깨끗이 치우다   du machst sauber / er macht sauber

p5-11-03
staubsaugen
[슈탑자우겐] (청소기로) 청소하다   du staubsaugst / er staubsaugt

p5-11-04
putzen
[푸첸] 닦다   du putzt / er putzt

p5-11-05
reinigen
[라이니겐] 깨끗하게 하다   du reinigst / er reinigt

It's a completely new way to **learn foreign language vocabulary** fast and easy.

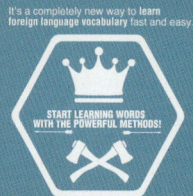

꼭 필요한 명사 10개!
독일어 명사는 정관사와 함께 기억해 주십시오.

p5-11-06	**der Staubsauger** [슈타웁자우거] 진공청소기

p5-11-07	**das Putztuch** [푸츠투흐] 걸레

p5-11-08	**das Wohnzimmer** [본침머] 거실

p5-11-09	**das Schlafzimmer** [슐라프침머] 침실

p5-11-10	**der Geschirrschrank** [게쉬르슈랑크] 식기장

p5-11-11	**die Geschirrspülmaschine** [게쉬르쉴마쉬네] 식기세척기

p5-11-12	**das Fenster** [펜스터] 창문

p5-11-13	**die Tür** [튀어] 문

p5-11-14	**der Garten** [가르텐] 정원

p5-11-15	**die Küche** [퀴헤] 주방

Part 5
테마 생활단어
독일어 테마 생활단어

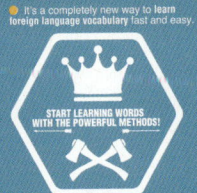

문장을 완성하는 도우미들!

p5-11-16 mein
[마인] 나의 (소유대명사)

p5-11-17 täglich
[테클리히] 매일의

p5-11-18 kaputt
[카푸트] 고장난

단어에서 회화 실력으로!

p5-11-19 Ich räume mein Zimmer auf.
[이히 로이메 마인 침머 아우프.] 나는 나의 방을 청소합니다.

p5-11-20 Sie macht das Wohnzimmer sauber.
[지 마흐트 다스 본침머 자우버.] 그녀는 거실을 깨끗이 치웁니다.

p5-11-21 Mein Staubsauger ist kaputt.
[마인 슈타웁자우거 이스트 카푸트.] 나의 진공청소기는 고장났습니다.

p5-11-22 Er staubsaugt das Schlafzimmer täglich.
[에어 슈타웁자욱트 다스 슐라프침머 테클리히.]
그는 침실을 매일 진공청소합니다.

p5-11-23 Ich putze das Fenster.
[이히 푸체 다스 펜스터.] 나는 창문을 닦습니다.

12. 가정 가사에서 필요한 독일어 단어! (세탁/다림질)

가사에서 특히 세탁과 다림질할 때 필요한 독일어 단어를 정리했습니다.

Start learning a language with the powerful methods!

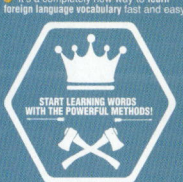

Part 5
테마 생활단어
독일어 테마 생활단어

꼭 필요한 동사 5개!
독일어 동사는 인칭에 따라 어미를 변화시켜야 합니다.

p5-12-01 machen
[마헨] 하다/만들다 — du machst / er macht

p5-12-02 waschen
[바쉔] 씻다 — du wäschst / er wäscht

p5-12-03 hängen
[헹엔] 걸다/널다 — du hängst / er hängt

p5-12-04 trocknen
[트로크넨] 건조시키다 — du trocknest / er trocknet

p5-12-05 bügeln
[뷔겔른] 다림질하다 — du bügelst / er bügelt

It's a completely new way to **learn foreign language vocabulary** fast and easy.

꼭 필요한 명사 10개!
독일어 명사는 정관사와 함께 기억해 주십시오.

p5-12-06	**die Waschmaschine** [바쉬마쉬네] 세탁기
p5-12-07	**die Wäsche** [베쉐] 빨래
p5-12-08	**der Trockner** [트로크너] 건조기
p5-12-09	**das Waschmittel** [바쉬미텔] 세제
p5-12-10	**die Spülung** [슈퓔룽] 세척/헹굼
p5-12-11	**die Waschseife** [바쉬자이페] 세탁비누
p5-12-12	**das Bügeleisen** [뷔겔아이젠] 다리미
p5-12-13	**das Bügelbrett** [뷔겔브레트] 다리미판
p5-12-14	**die Wäscheleine** [베쉐라이네] 빨랫줄
p5-12-15	**der Kleiderbügel** [클라이더뷔겔] 옷걸이

Start learning a language with the **powerful methods!**

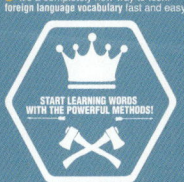 

Part 5
테마 생활단어
독일어 테마 생활단어

문장을 완성하는 도우미들!

p5-12-16 **auf**
[아우프] ~위에/위로

p5-12-17 **wie**
[비] 얼마나

p5-12-18 **schnell**
[슈넬] 빠른

단어에서 회화 실력으로!

p5-12-19 **Ich mache die Wäsche.**
[이히 마헤 디 베쉐] 나는 빨래를 합니다.

p5-12-20 **Wie schnell trocknet Wäsche?**
[비 슈넬 트로크네트 베쉐?] 빨래는 얼마나 빨리 마릅니까?

p5-12-21 **Sie hängt die Wäsche auf die Wäscheleine.**
[지 헹트 디 베쉐 아우프 디 베쉐라이네.] 그녀는 빨래를 빨랫줄에 넙니다.

p5-12-22 **Er bügelt die Wäsche.**
[에어 뷔겔트 디 베쉐.] 그는 빨래를 다립니다.

13. 가정 서재에서 필요한 독일어 단어!

가정의 서재에서 필요한 독일어 단어를 정리했습니다.

Part 5

테마 생활단어
독일어 테마 생활단어

꼭 필요한 동사 5개!
독일어 동사는 인칭에 따라 어미를 변화시켜야 합니다.

p5-13-01 **lesen**
[레젠] 읽다   du liest / er liest

p5-13-02 **schreiben**
[슈라이벤] 쓰다   du schreibst / er schreibt

p5-13-03 **malen**
[말렌] 칠하다   du malst / er malt

p5-13-04 **öffnen**
[외프넨] 펼치다   du öffnest / er öffnet

p5-13-05 **legen**
[레겐] 놓다   du legst / er legt

It's a completely new way to **learn foreign language vocabulary** fast and easy.

꼭 필요한 명사 10개!
독일어 명사는 정관사와 함께 기억해 주십시오.

p5-13-06 — **das Bücherregal** [뷔허레갈] 책장

p5-13-07 — **der Schreibtisch** [슈라입티쉬] 책상

p5-13-08 — **der Stuhl** [슈툴] 의자

p5-13-09 — **die Tischlampe** [티쉬람페] 스탠드 / 램프

p5-13-10 — **das Buch** [부흐] 책

p5-13-11 — **das Wörterbuch** [뵈르터부흐] 사전

p5-13-12 — **die Zeitung** [차이퉁] 신문

p5-13-13 — **das Magazin** [마가친] 잡지

p5-13-14 — **der Kugelschreiber** [쿠겔슈라이버] 볼펜

p5-13-15 — **der Filzschreiber** [필츠슈라이버] 사인펜

Part 5

테마 생활단어
독일어 테마 생활단어

문장을 완성하는 도우미들!

p5-13-16 **was**
[바스] 무엇

p5-13-17 **denn**
[덴] 그런데

p5-13-18 **auf Deutsch**
[아우프 도이취] 독일어로

단어에서 회화 실력으로!

p5-13-19 **Was liest du denn?**
[바스 리스트 두 덴?] 그런데 너 뭐 읽니?

p5-13-20 **Sie schreibt ein Buch auf Deutsch.**
[지 슈라이브트 아인 부흐 아우프 도이취] 그녀는 독일어로 책을 씁니다.

p5-13-21 **Er öffnet ein Magazin.**
[에어 외프네트 아인 마가찐] 그는 잡지를 펼칩니다.

p5-13-22 **Sie legt die Zeitung auf den Schreibtisch.**
[지 렉트 디 차이퉁 아우프 덴 슈라입티쉬] 그녀는 신문을 책상 위에 놓습니다.

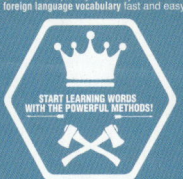

Part 5
테마 생활단어
독일어 테마 생활단어

P5

꼭 필요한 동사 5개!
독일어 동사는 인칭에 따라 어미를 변화시켜야 합니다.

p5-14-01
sehen
[제엔] 보다
du siehst / er sieht

p5-14-02
hören
[회렌] 듣다
du hörst / er hört

p5-14-03
einschalten
[아인샬텐] 켜다 (분리동사)
du schaltest ein / er schaltet ein

p5-14-04
ausschalten
[아우스샬텐] 끄다 (분리동사)
du schaltest aus / er schaltet aus

p5-14-05
umschalten
[움샬텐] (채널을) 돌리다 (분리동사)
du schaltest um / er schaltet um

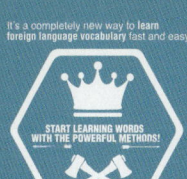

꼭 필요한 명사 10개!
독일어 명사는 정관사와 함께 기억해 주십시오.

p5-14-06 **das Möbel**
[뫼벨] 가구

p5-14-07 **das Sofa**
[조파] 소파

p5-14-08 **der Tisch**
[티쉬] 테이블

p5-14-09 **der Sessel**
[제쎌] 안락의자

p5-14-10 **der Schrank**
[슈랑크] 장

p5-14-11 **der Teppich**
[테피히] 양탄자

p5-14-12 **der Fernseher**
[페른제어] TV

p5-14-13 **die Fernbedienung**
[페른베디눙] 리모컨

p5-14-14 **der CD-Spieler**
[체데-슈필러] CD 플레이어

p5-14-15 **das Radio**
[라디오] 라디오

Part 5
테마 생활단어
독일어 테마 생활단어

문장을 완성하는 도우미들!

p5-14-16 sehr
[제어] 매우

p5-14-17 bequem
[베크뱀] 편안한

p5-14-18 auf
[아우프] ~ 위에/

p5-14-19 gern
[게른] 즐겨

단어에서 회화 실력으로!

p5-14-20 Die Fernbedienung liegt auf dem Tisch.
[디 페른베디눙 리크트 아우프 뎀 티쉬.] 리모컨은 테이블 위에 있습니다.

p5-14-21 Der Sessel ist sehr bequem.
[데어 제쎌 이스트 제어 베크뱀.] 안락의자는 매우 편안합니다.

p5-14-22 Ich schalte den Fernseher an.
[이히 샬테 덴 페른제어 안.] 나는 TV를 켭니다.

p5-14-23 Er schaltet den Fernseher aus.
[에어 샬테트 덴 페른제어 아우스.] 그는 TV를 끕니다.

15. 가정 샤워실에서 필요한 독일어 단어!
가정의 샤워실에서 필요한 독일어 단어를 정리했습니다.

Part 5

테마 생활단어
독일어 테마 생활단어

꼭 필요한 동사 5개!
독일어 동사는 인칭에 따라 어미를 변화시켜야 합니다.

p5-15-01 sich duschen
[지히 두쉔] 샤워하다 (재귀동사) du duschst / er duscht

p5-15-02 sich baden
[지히 바덴] 목욕하다 (재귀동사) du badest / er badet

p5-15-03 gehen
[게엔] 가다 du gehst / er geht

p5-15-04 waschen
[바쉔] 씻다 du wäschst / er wäscht

p5-15-05 abtrocknen
[압트로켄] 말리다/닦다 (분리동사) du trocknest ab / er trocknet ab

꼭 필요한 명사 10개!
독일어 명사는 정관사와 함께 기억해 주십시오.

| p5-15-06 | **das Bad** [바트] 목욕 |
| p5-15-07 | **die Badewanne** [바데반네] 욕조 |

| p5-15-08 | **die Duschkabine** [두쉬카비네] 샤워부스 |
| p5-15-09 | **die Handdusche** [한트두쉐] 샤워기 |

| p5-15-10 | **der Badeschwamm** [바데쉬밤] 거품용 타올 |
| p5-15-11 | **das Schaumbad** [샤움바트] 거품목욕 |

| p5-15-12 | **das Duschgel** [두쉬겔] 바디워시 |
| p5-15-13 | **das Shampoo** [샴푸] 샴푸 |

| p5-15-14 | **die Sauna** [자우나] 사우나 |
| p5-15-15 | **die Massage** [마싸줴] 마사지 |

Part 5
테마 생활단어
독일어 테마 생활단어

문장을 완성하는 도우미들!

p5-15-16 jede Nacht
[예데 나흐트] 매일 밤

p5-15-17 zum
[춤] zu dem ~하러

p5-15-18 warm
[바름] 따듯한

p5-15-19 kalt
[칼트] 차가운/추운

p5-15-20 mich
[미히] 나 자신을 (재귀대명사)

단어에서 회화 실력으로!

p5-15-21 Ich dusche mich jede Nacht.
[이히 두쉐 미히 예데 나흐트] 나는 매일 밤 샤워합니다.

p5-15-22 Sie geht zum Duschen.
[지 게에트 춤 두쉔] 그녀는 샤워하러 갑니다.

p5-15-23 Er badet (sich) warm.
[에어 바데트 (지히) 바름] 그는 따듯하게 목욕합니다. (온수욕)

p5-15-24 Ich trockne mich ab.
[이히 트로크네 미히 압] 나는 (물기를) 닦아냅니다.

Learn
foreign language
vocabulary
GERMAN

16. 가정 침실에서 필요한 독일어 단어! (취침)

가정의 침실에서 필요한 독일어 단어를 정리했습니다.
하루를 마무리하는 표현들입니다.

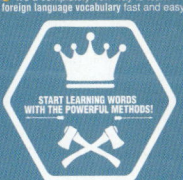

Part 5
테마 생활단어
독일어 테마 생활단어

꼭 필요한 동사 5개!
독일어 동사는 인칭에 따라 어미를 변화시켜야 합니다.

p5-16-01 **schlafen**
[슐라펜] 잠자다 — du schläfst / er schläft

p5-16-02 **träumen**
[트로이멘] 꿈꾸다 — du träumst / er träumt

p5-16-03 **gehen**
[게엔] 가다 — du gehst / er geht

p5-16-04 **bleiben**
[블라이벤] 머물다 — du bleibst / er bleibt

p5-16-05 **sich legen**
[지히 레겐] 눕다 (재귀동사) — du legst / er legt

꼭 필요한 명사 10개!
독일어 명사는 정관사와 함께 기억해 주십시오.

p5-16-06 das Schlafengehen [슐라펜게엔] 취침

p5-16-07 das Bett [베트] 침대

p5-16-08 die Decke [데케] 이불

p5-16-09 die Unterlage [운터라게] 요/깔개

p5-16-10 der Traum [트라움] 꿈

p5-16-11 die Nacht [나흐트] 밤

p5-16-12 der Schlaf [슐라프] 수면

p5-16-13 die Schläfrigkeit [슐레프리히카이트] 졸음

p5-16-14 die Schlaflosigkeit [슐라프로지히카이트] 불면증

p5-16-15 der Albtraum [알프트라움] 악몽

Start learning a language with the **powerful methods!**

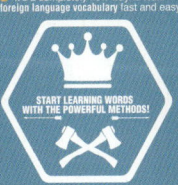

Part 5
테마 생활단어
독일어 테마 생활단어

P5

문장을 완성하는 도우미들!

p5-16-16 **müde**
[뮈데] 피곤한

p5-16-17 **todmüde**
[토트뮈데] 너무 피곤한

p5-16-18 **sehr**
[제어] 매우

p5-16-19 **gut**
[굿] 좋은

p5-16-20 **ins**
[인스] in das ~로

p5-16-21 **von ihr**
[폰 이어] 그녀에 대해

단어에서 회화 실력으로!

p5-16-22 **Ich bin sehr müde.**
[이히 빈 제어 뮈데] 나는 매우 피곤합니다.

p5-16-23 **Er geht ins Bett.**
[에어 게에트 인스 베트] 그는 침대로 갑니다.

p5-16-24 **Ich möchte schlafen.**
[이히 뫼히테 슐라펜] 나는 자고 싶습니다.

p5-16-25 **Er träumt von ihr.**
[에어 트로임트 폰 이어] 그는 그녀의 꿈을 꿉니다.

p5-16-26 **Schlaf gut! / Träume gut!**
[슐라프 굿! / 트로이메 굿!] 잘 자. / 좋은 꿈꿔.

It's a completely new way to **learn foreign language vocabulary** fast and easy.

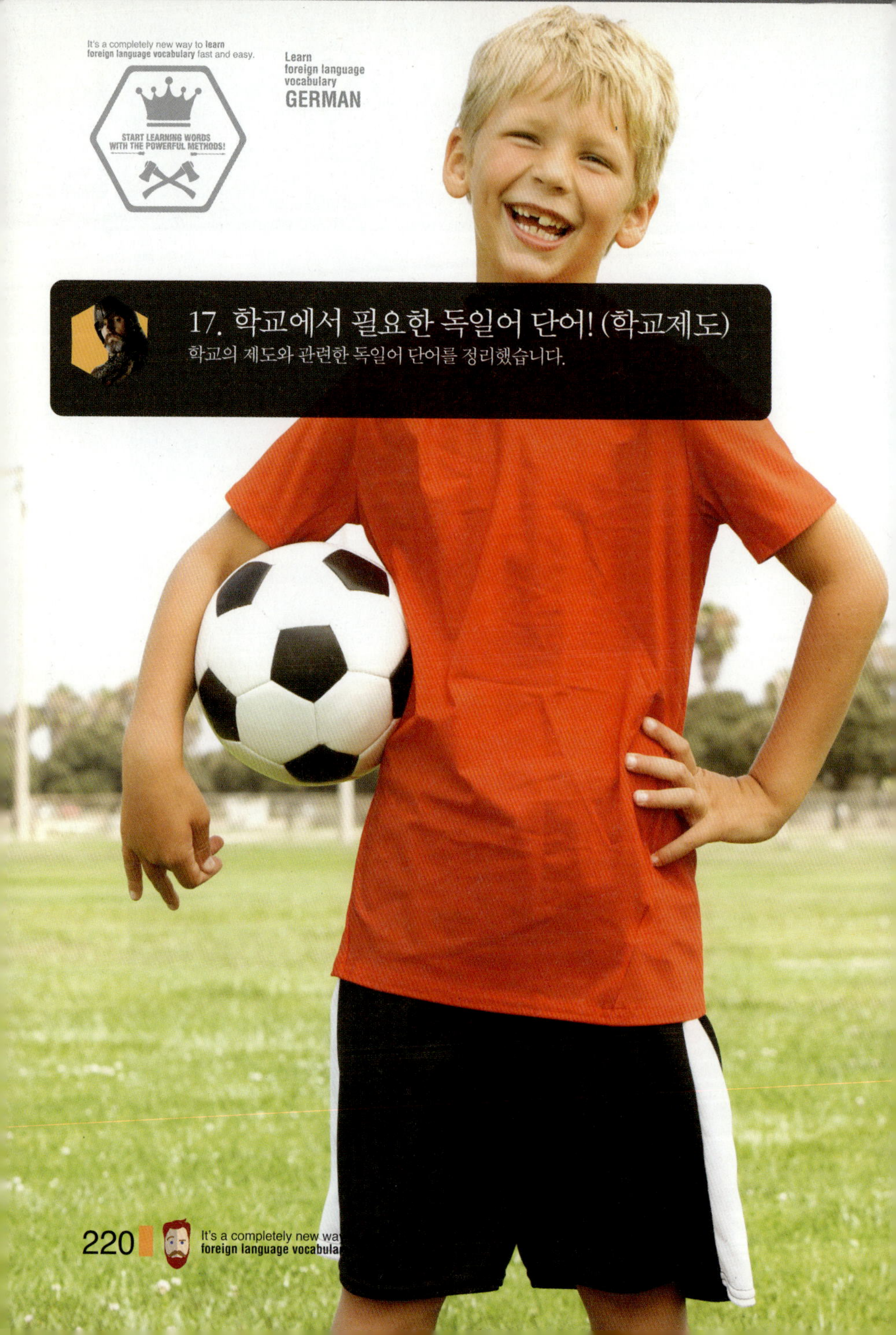

Learn
foreign language
vocabulary
GERMAN

 **17. 학교에서 필요한 독일어 단어! (학교제도)**
학교의 제도와 관련한 독일어 단어를 정리했습니다.

Start learning a language with the powerful methods!

Part 5
테마 생활단어
독일어 테마 생활단어

P5

 꼭 필요한 동사 5개!
독일어 동사는 인칭에 따라 어미를 변화시켜야 합니다.

---

p5-17-01
besuchen
[베주헨] 다니다/방문하다   du besuchst / er besucht

p5-17-02
studieren
[슈투디어렌] 공부하다   du studierst / er studiert

p5-17-03
eintreten
[아인트레텐] 입학하다 (분리동사)   du trittst ein / er tritt ein

p5-17-04
gehen
[게엔] 가다   du gehst / er geht

p5-17-05
abschließen
[압슐리쎈] 마치다/졸업하다 (분리동사)   du schließt ab / er schließt ab

It's a completely new way to **learn foreign language vocabulary** fast and easy.

꼭 필요한 명사 10개!
독일어 명사는 정관사와 함께 기억해 주십시오.

p5-17-06	**das Schulsystem** [슐쥐스템] 학제
p5-17-07	**die Bildung** [빌둥] 교양
p5-17-08	**das Studium** [슈투디움] 학업
p5-17-09	**die Schule** [슐레] 학교
p5-17-10	**der Kindergarten** [킨더가르텐] 유치원
p5-17-11	**die Grundschule** [그룬트슐레] 초등학교
p5-17-12	**das Gymnasium** [김나지움] 중등학교
p5-17-13	**die Berufsschule** [베룹스슐레] 직업학교
p5-17-14	**die Fachhochschule** [파흐호흐슐레] 전문대학
p5-17-15	**die Universität** [우니베르지테트] 대학교

Part 5
테마 생활단어
독일어 테마 생활단어

문장을 완성하는 도우미들!

p5-17-16 ins
[인스] in das ~안으로

p5-17-17 aufs
[아웁스] auf das ~에

p5-17-18 an der Uni
[안 데어 우니] 대학에서

단어에서 회화 실력으로!

p5-17-19 Das Kind besucht den Kindergarten.
[다스 킨트 베주흐트 덴 킨더가르텐] 아이는 유치원에 다닙니다.

p5-17-20 Er tritt ins Gymnasium ein.
[에어 트리트 인스 김나지움 아인] 그는 김나지움에 들어갑니다.

p5-17-21 Sie geht aufs Gymnasium.
[지 게에트 아웁스 김나지움] 그녀는 김나지움에 다닙니다.

p5-17-22 Sie studiert an der Uni.
[지 슈투디어트 안 데어 우니] 그녀는 대학교에서 공부합니다.

Part 5

테마 생활단어
독일어 테마 생활단어

꼭 필요한 동사 5개!
독일어 동사는 인칭에 따라 어미를 변화시켜야 합니다.

p5-18-01
lehren
[레렌] 가르치다
du lehrst / er lehrt

p5-18-02
lernen
[레르넨] 배우다
du lernst / er lernt

p5-18-03
machen
[마헨] 하다/만들다
du machst / er macht

p5-18-04
schreiben
[슈라이벤] 쓰다
du schreibst / er schreibt

p5-18-05
lesen
[레젠] 읽다
du liest / er liest

Learn foreign language vocabulary
GERMAN

꼭 필요한 명사 10개!
독일어 명사는 정관사와 함께 기억해 주십시오.

| p5-18-06 | **die Klasse** [클라쎄] 학급 |
| p5-18-07 | **das Klassenzimmer** [클라쎈침머] 교실 |

| p5-18-08 | **der Unterricht** [운터리히트] 수업 |
| p5-18-09 | **die Pause** [파우제] 휴식 |

| p5-18-10 | **der Lehrer** [레러] 교사 |
| p5-18-11 | **der Schüler / die Schülerin** [쉴러 / 쉴러린] 학생/여학생 |

| p5-18-12 | **die Tafel** [타펠] 칠판 |
| p5-18-13 | **die Kreide** [크라이데] 분필 |

| p5-18-14 | **der Tisch** [티쉬] 책상 |
| p5-18-15 | **der Stuhl** [슈툴] 의자 |

Part 5
테마 생활단어
독일어 테마 생활단어

문장을 완성하는 도우미들!

p5-18-16 siebte
[집테] 7번째

p5-18-17 ein
[아인] 하나의

p5-18-18 jetzt
[에츠트] 지금

p5-18-19 endlich
[엔틀리히] 마침내

단어에서 회화 실력으로!

p5-18-20 Der Schüler ist in der siebten Klasse.
[데어 쉴러 이스트 인 데어 집텐 클라쎄.] 그 남학생은 7학년입니다.

p5-18-21 Der Lehrer schreibt an die Tafel.
[데어 레러 슈라입트 안 디 타펠.] 선생님은 칠판에 씁니다.

p5-18-22 Die Schülerin liest ein Buch.
[디 쉴러린 리스트 아인 부흐.] 여학생은 책을 읽습니다.

p5-18-23 Wir machen jetzt endlich eine kleine Pause.
[비어 마헨 예츠트 엔틀리히 아이네 클라이네 파우제.]
우리는 이제 마침내 짧은 휴식을 갖습니다.

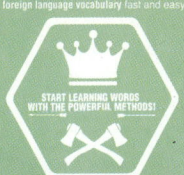

Learn foreign language vocabulary
GERMAN

19. 학교 교실에서 필요한 독일어 단어! (수업)
학교의 교실. 수업시간에 필요한 독일어 단어를 정리했습니다.

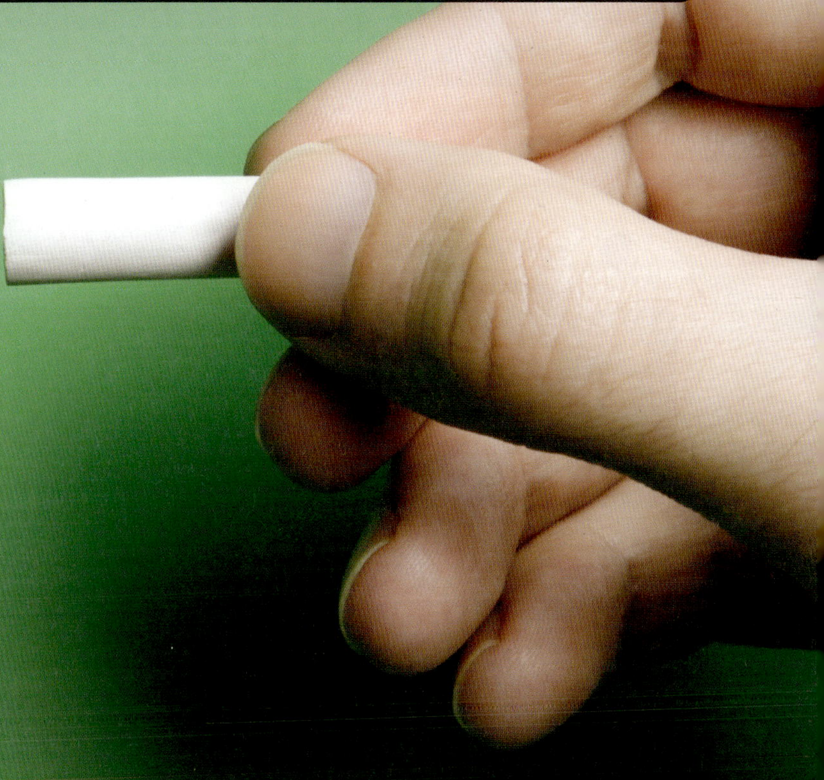

Start learning a language with the powerful methods!

Part 5
테마 생활단어
독일어 테마 생활단어

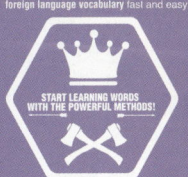

P5

 꼭 필요한 동사 5개!
독일어 동사는 인칭에 따라 어미를 변화시켜야 합니다.

p5-19-01 **unterrichten**
[운터리히텐] 수업하다   du unterrichtest / er unterrichtet

p5-19-02 **erklären**
[에어클레렌] 설명하다   du erklärst / er erklärt

p5-19-03 **meinen**
[마이넨] 생각하다/여기다   du meinst / er meint

p5-19-04 **wiederholen**
[비더홀렌] 반복하다   du wiederholst / er wiederholt

p5-19-05 **verstehen**
[페어슈테헨] 이해하다   du verstehst / er versteht

꼭 필요한 명사 10개!
독일어 명사는 정관사와 함께 기억해 주십시오.

p5-19-06 **die Lektion** [렉치온] 과

p5-19-07 **das Wort** [보르트] 단어

p5-19-08 **der Text** [텍스트] 텍스트

p5-19-09 **der Satz** [자츠] 문장

p5-19-10 **das Thema** [테마] 주제

p5-19-11 **das Beispiel** [바이슈필] 예 / 보기

p5-19-12 **die Seite** [자이테] 페이지

p5-19-13 **die Übung** [위붕] 연습

p5-19-14 **die Frage** [프라게] 질문

p5-19-15 **die Antwort** [안트보르트] 대답

Part 5

테마 생활단어

독일어 테마 생활단어

문장을 완성하는 도우미들!

p5-19-16 noch
[노흐] 더

p5-19-17 einmal
[아인말] 한 번

p5-19-18 immer
[임머] 항상 / 계속해서

p5-19-19 wieder
[비더] 다시

p5-19-20 nicht
[니히트] 아니다

단어에서 회화 실력으로!

p5-19-21 Die Lehrerin unterrichtet Deutsch.
[디 레러린 운터리히테트 도이치] 여선생님은 독일어를 강의합니다.

p5-19-22 Der Lehrer erklärt noch einmal.
[데어 레러 에어클레르트 노흐 아인말] 선생님은 한 번 더 설명합니다.

p5-19-23 Er wiederholt die Übung immer.
[에어 비더홀트 디 위붕 임머] 그는 연습을 계속 반복합니다.

p5-19-24 Ich verstehe den Satz nicht.
[이히 페어슈테에 덴 자츠 니히트] 나는 그 문장을 이해하지 못합니다.

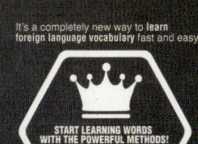

Learn
foreign language
vocabulary
GERMAN

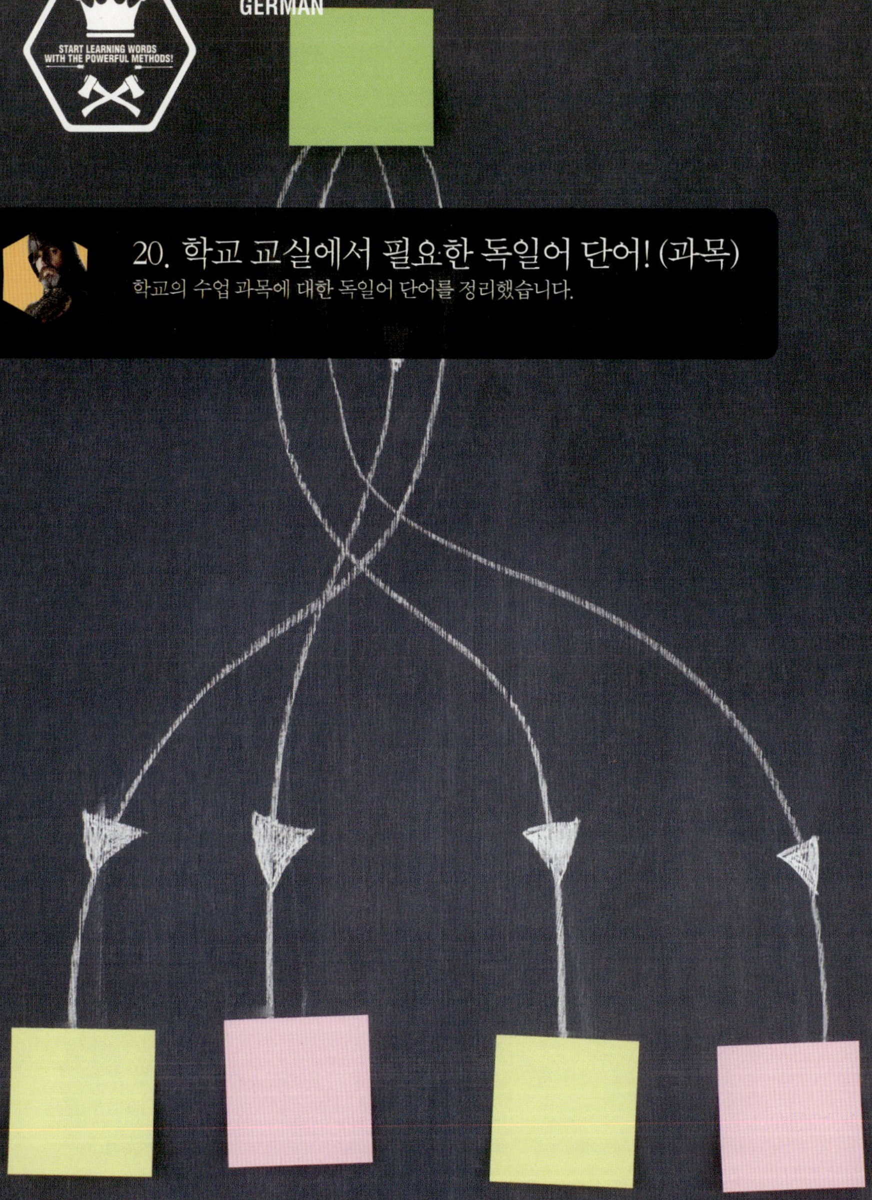

20. 학교 교실에서 필요한 독일어 단어! (과목)
학교의 수업 과목에 대한 독일어 단어를 정리했습니다.

Part 5

테마 생활단어
독일어 테마 생활단어

꼭 필요한 동사 5개!
독일어 동사는 인칭에 따라 어미를 변화시켜야 합니다.

p5-20-01 lernen
[레르넨] 배우다 — du lernst / er lernt

p5-20-02 lehren
[레렌] 가르치다 — du lehrst / er lehrt

p5-20-03 haben
[하벤] 가지다 — du hast / er hat

p5-20-04 notieren
[노티어렌] 적어두다 — du notierst / er notiert

p5-20-05 diskutieren
[디스쿠티어렌] 토의하다 — du diskutierst / er diskutiert

꼭 필요한 명사 10개!
독일어 명사는 정관사와 함께 기억해 주십시오.

p5-20-06 **die Aufgabe** [아우프가베] 과제

p5-20-07 **Die Hausaufgabe** [하우스아우프가베] 숙제

p5-20-08 **die Muttersprache** [무터슈프라헤] 모국어

p5-20-09 **das Koreanisch** [코레아니쉬] 한국어

p5-20-10 **die Fremdsprache** [프렘트슈프라헤] 외국어

p5-20-11 **das Englisch** [엥리쉬] 영어

p5-20-12 **die Mathematik** [마테마틱] 수학 (Mathe)

p5-20-13 **die Physik** [피직] 물리학

p5-20-14 **die Chemie** [헤미] 화학

p5-20-15 **die Geschichte** [게쉬히테] 역사학

Start learning a language with the **powerful methods!**

Part 5
테마 생활단어
독일어 테마 생활단어

P5

문장을 완성하는 도우미들!

p5-20-16 **immer**
[임머] 항상

p5-20-17 **schon**
[숀] 이미

p5-20-18 **bis**
[비스] ~까지

p5-20-19 **morgen**
[모르겐] 내일

p5-20-20 **an der Uni**
[안 데어 우니] 대학에서

단어에서 회화 실력으로!

p5-20-21 **Ich lerne immer Deutsch.**
[이히 레르네 임머 도이취] 나는 독일어를 항상 공부합니다.

p5-20-22 **Er lehrt Chemie an der Uni.**
[에어 레르트 헤미 안 데어 우니] 그는 대학에서 화학을 가르칩니다.

p5-20-23 **Wir haben schon Aufgaben in Mathe und Englisch.**
[비어 하벤 숀 아우프가벤 인 마테 운트 엥리쉬]
우리는 이미 수학과 영어 과제가 있다.

p5-20-24 **Die Mathematik-Hausaufgabe ist bis morgen.**
[디 마테마틱-하우스아우프가베 이스트 비스 모르겐]
수학 숙제는 내일까지입니다.

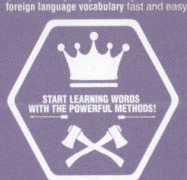

Part 5
테마 생활단어
독일어 테마 생활단어

꼭 필요한 동사 5개!
독일어 동사는 인칭에 따라 어미를 변화시켜야 합니다.

p5-21-01 **sein**
[자인] ~이다   du bist / er ist

p5-21-02 **liegen**
[리겐] 놓여있다   du liegst / er liegt

p5-21-03 **geben**
[게벤] 주다   du gibst / er gibt

p5-21-04 **suchen**
[주헨] 찾다   du suchst / er sucht

p5-21-05 **wohnen**
[보넨] 지내다/살다   du wohnst / er wohnt

꼭 필요한 명사 10개!
독일어 명사는 정관사와 함께 기억해 주십시오.

p5-21-06 **die Universität**
[우니베르지테트] 대학교

p5-21-07 **die Uni**
[우니] 대학교 (약자)

p5-21-08 **die Fakultät**
[파쿨테트] 학부

p5-21-09 **das Institut**
[인스티투트] 연구소

p5-21-10 **das Labor**
[라보어] 실험실

p5-21-11 **der Hörsaal**
[회어잘] 강의실

p5-21-12 **die Bibliothek**
[비블리오텍] 도서관

p5-21-13 **der Schulhof**
[슐호프] 운동장

p5-21-14 **die Mensa**
[멘자] 학생식당

p5-21-15 **das Studentenwohnheim**
[슈트덴텐본하임] 학생기숙사

Part 5

테마 생활단어
독일어 테마 생활단어

문장을 완성하는 도우미들!

p5-21-16 wo
[보] 어디

p5-21-17 neben
[네벤] 옆에

p5-21-18 es gibt
[에스 깁트] ~이 있다

p5-21-19 kein
[카인] 아니다

p5-21-20 hier
[히어] 여기에

단어에서 회화 실력으로!

p5-21-21 Wo ist das Studentenwohnheim?
[보 이스트 다스 슈트덴텐본하임?] 학생기숙사는 어디입니까?

p5-21-22 Die Bibliothek liegt neben der Mensa.
[디 비블리오텍 릭트 네벤 데어 멘자.] 도서관은 학생식당 옆에 있습니다.

p5-21-23 Es gibt kein Institut hier.
[에스 깁트 카인 인스티투트 히어.] 연구소는 여기에 없습니다.

p5-21-24 Er wohnt im Studentenwohnheim.
[에어 본트 임 슈트덴텐본하임.] 그는 학생기숙사에서 삽니다.

22. 학교에서 필요한 독일어 단어! (대학전공)

대학교의 전공과 관련한 독일어 단어를 정리했습니다.

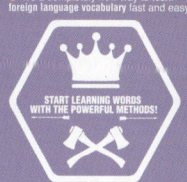   

Part 5
테마 생활단어
독일어 테마 생활단어

P5

꼭 필요한 동사 5개!
독일어 동사는 인칭에 따라 어미를 변화시켜야 합니다.

---

p5-22-01 **sein**
[자인] ~이다   du bist / er ist

p5-22-02 **studieren**
[슈투디어렌] 공부하다   du studierst / er studiert

p5-22-03 **forschen**
[포르쉔] 연구하다   du forschst / er forscht

p5-22-04 **lehren**
[레렌] 가르치다   du lehrst / er lehrt

p5-22-05 **lernen**
[레르넨] 배우다   du lernst / er lernt

꼭 필요한 명사 10개!
독일어 명사는 정관사와 함께 기억해 주십시오.

p5-22-06 **das Hauptfach** [하우프트파흐] 전공	**p5-22-07** **das Nebenfach** [네벤파흐] 부전공
p5-22-08 **die Philosophie** [필로조피] 철학	**p5-22-09** **die Soziologie** [조치올로기] 사회학
p5-22-10 **die Pädagogik** [페다고긱] 교육학	**p5-22-11** **die Architektur** [아히텍투어] 건축학
p5-22-12 **das Jura** [유라] 법학	**p5-22-13** **die Informatik** [인포마틱] 전산정보학
p5-22-14 **die Betriebswirtschaftslehre** [베트립스비르트샤프츠레레] 경영학	**p5-22-15** **die Volkswirtschaftslehre** [폴크스비르트샤프츠레레] 경제학

Part 5
테마 생활단어
독일어 테마 생활단어

문장을 완성하는 도우미들!

p5-22-16 mein
[마인] 나의

p5-22-17 an der Uni
[안 데어 우니] 대학에서

p5-22-18 was
[바스] 무엇

p5-22-19 als
[알스] ~으로서

단어에서 회화 실력으로!

p5-22-20 Soziologie ist mein Hauptfach an der Uni.
[조치올로기 이스트 마인 하우프트파흐 안 데어 우니.]
사회학이 나의 대학전공입니다.

p5-22-21 Er studiert Jura.
[에어 슈투디어트 유라.] 그는 법학을 공부합니다.

p5-22-22 Was studierst du?
[바스 슈투디어스트 두?] 너는 무엇을 공부하니?

p5-22-23 Ich studiere Architektur an der Universität in Mainz.
[이히 슈투디어레 아히텍투어 안 데어 우니베르지테트 인 마인츠.]
나는 마인츠 대학에서 건축학을 공부합니다.

p5-22-24 Sie studiert Philosophie als Nebenfach.
[지 슈투디어트 필로조피 알스 네벤파흐.]
그녀는 철학을 부전공으로 공부합니다.

Part 5

테마 생활단어
독일어 테마 생활단어

꼭 필요한 동사 5개!
독일어 동사는 인칭에 따라 어미를 변화시켜야 합니다.

p5-23-01 haben
[하벤] 가지고 있다   du hast / er hat

p5-23-02 vorbereiten
[포베라이텐] 준비하다 (분리동사)   du bereitest vor / er bereitet vor

p5-23-03 schreiben
[슈라이벤] 쓰다   du schreibst / er schreibt

p5-23-04 halten
[할텐] 유지하다   du hältst / er hält

p5-23-05 machen
[마헨] 만들다/하다   du machst / er macht

꼭 필요한 명사 10개!
독일어 명사는 정관사와 함께 기억해 주십시오.

p5-23-06 **der Professor**
[프로페쏘어] 교수

p5-23-07 **der Dozent**
[도첸트] 강사

p5-23-08 **der Student**
[슈투덴트] 대학생

p5-23-09 **die Studentin**
[슈투덴틴] 여대생

p5-23-10 **der Forscher**
[포르셔] 연구자

p5-23-11 **das Referat**
[레페라트] 발표

p5-23-12 **die Vorlesung**
[포어레중] 강의

p5-23-13 **das Seminar**
[제미나르] 세미나

p5-23-14 **die Hausarbeit**
[하우스아르바이트] 숙제

p5-23-15 **die Prüfung**
[프뤼풍] 시험

Part 5

테마 생활단어
독일어 테마 생활단어

문장을 완성하는 도우미들!

p5-23-16 heute
[호이테] 오늘

p5-23-17 für
[퓌어] ~을 위하여

p5-23-18 morgen
[모르겐] 내일

p5-23-19 übermorgen
[위버모르겐] 모레

단어에서 회화 실력으로!

p5-23-20 Ich habe heute eine Vorlesung.
[이히 하베 호이테 아이네 포어레중.] 나는 오늘 강의가 있습니다.

p5-23-21 Er ist Professor für Jura.
[에어 이스트 프로페소어 퓌어 유라.] 그는 법학 교수입니다.

p5-23-22 Ich habe morgen ein Seminar für Philosophie.
[이히 하베 모르겐 아인 제미나르 퓌어 필로조피.]
나는 내일 철학 세미나가 있습니다.

p5-23-23 Ich halte übermorgen ein Referat über Geschichte.
[이히 할테 위버모르겐 아인 레파라트 위버 게쉬히테.]
나는 모레 역사학에 대한 발표를 합니다.

p5-23-24 Ich habe morgen eine Prüfung.
[이히 하베 모르겐 아이네 프뤼풍.] 나는 내일 시험이 있습니다.

It's a completely new way to **learn foreign language vocabulary** fast and easy.

Learn foreign language vocabulary
GERMAN

24. 학교에서 필요한 독일어 단어! (대학생활)

대학교의 일상 생활과 관련한 독일어 단어를 정리했습니다.

Part 5

테마 생활단어
독일어 테마 생활단어

 꼭 필요한 동사 5개!
독일어 동사는 인칭에 따라 어미를 변화시켜야 합니다.

p5-24-01 **studieren**
[슈투디어렌] 공부하다 — du studierst / er studiert

p5-24-02 **sein**
[자인] ~이다 — du bist / er ist

p5-24-03 **bekommen**
[베콤멘] 받다 — du bekommst / er bekommt

p5-24-04 **jobben**
[조벤] 아르바이트하다 — du jobbst / er jobbt

p5-24-05 **machen**
[마헨] 하다 — du machst / er macht

꼭 필요한 명사 10개!
독일어 명사는 정관사와 함께 기억해 주십시오.

p5-24-06 **das Studienjahr**
[슈투디엔야르] 학년

p5-24-07 **das Semester**
[제메스터] 학기

p5-24-08 **das Sommersemester**
[좀머제메스터] 여름학기

p5-24-09 **das Wintersemester**
[빈터제메스터] 겨울학기

p5-24-10 **das Praktikum**
[프락티쿰] 실습

p5-24-11 **das Stipendium**
[슈티펜디움] 장학금

p5-24-12 **das Auslandsstudium**
[아우스란트슈투디움] 유학

p5-24-13 **die Abschlussprüfung**
[압슐루쓰프뤼풍] 졸업시험

p5-24-14 **die Ferien**
[페리엔] 방학

p5-24-15 **der Ferienjob**
[페리엔좁] 방학 아르바이트

Part 5

테마 생활단어
독일어 테마 생활단어

문장을 완성하는 도우미들!

p5-24-16 in
[인] ~안에

p5-24-17 welcher
[벨허] 어떤

p5-24-18 bei
[바이] ~곁에 / 가까이

p5-24-19 jetzt
[예츠트] 지금

p5-24-20 zweite
[츠바이테] 두 번째

단어에서 회화 실력으로!

p5-24-21 In welchem Semester studierst du?
[인 벨헴 제메스터 슈투디어스트 두?] 너 몇 학기니?

p5-24-22 Ich bin jetzt im zweiten Studienjahr.
[이히 빈 예츠트 임 츠바이텐 슈투디엔야르.] 나는 지금 2학년입니다.

p5-24-23 Wie bekomme ich ein Stipendium?
[비 베콤메 이히 아인 슈티펜디움?] 장학금은 어떻게 받습니까?

p5-24-24 Er macht ein Praktikum bei Adidas.
[에어 마흐트 아인 프락티쿰 바이 아디다스] 그는 아디다스에서 실습(인턴)을 합니다.

25. 학교 도서관에서 필요한 독일어 단어!
대학교 도서관에서 필요한 독일어 단어를 정리했습니다.

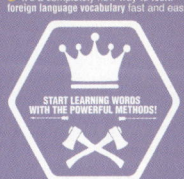

Part 5
테마 생활단어
독일어 테마 생활단어

꼭 필요한 동사 5개!
독일어 동사는 인칭에 따라 어미를 변화시켜야 합니다.

p5-25-01
lesen
[레젠] 읽다
du liest / er liest

p5-25-02
suchen
[주헨] 찾다
du suchst / er sucht

p5-25-03
leihen
[라이엔] 빌리다
du leihst / er leiht

p5-25-04
zurückgeben
[추륔게벤] 반납하다 (분리동사)
du gibst zurück / er gibt zurück

p5-25-05
kaufen
[카우펜] 사다
du kaufst / er kauft

꼭 필요한 명사 10개!
독일어 명사는 정관사와 함께 기억해 주십시오.

p5-25-06 **die Bibliothek**
[비블리오텍] 도서관

p5-25-07 **das Bücherregal**
[뷔허레갈] 책꽂이

p5-25-08 **der Lesesaal**
[레제잘] 열람실

p5-25-09 **das Lexikon**
[렉시콘] 사전

p5-25-10 **das Buch**
[부흐] 책

p5-25-11 **das Bilderbuch**
[빌더부흐] 그림책 / 화보

p5-25-12 **die Zeitung**
[차이퉁] 신문

p5-25-13 **das Magazin**
[마가친] 잡지

p5-25-14 **die Zeitschrift**
[차이트슈리프트] 정기간행물

p5-25-15 **das Taschenbuch**
[타셴부흐] 문고

Part 5

테마 생활단어

독일어 테마 생활단어

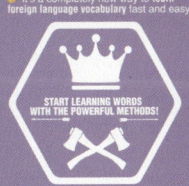

문장을 완성하는 도우미들!

p5-25-16 **gern** [게른] 즐겨 / 기꺼이

p5-25-17 **statt** [슈타트] 대신에

p5-25-18 **ein** [아인] 어떤 / 하나의

p5-25-19 **interessant** [인테레싼트] 흥미로운

단어에서 회화 실력으로!

p5-25-20 **Ich lese gern das Taschenbuch.**
[이히 레제 게른 다스 타쉔부흐] 나는 문고를 즐겨 읽습니다.

p5-25-21 **Wir leihen Bücher statt kaufen.**
[비어 라이엔 뷔허 슈타트 카우펜] 우리는 책을 사지 않고 빌립니다.

p5-25-22 **Er sucht ein interessantes Bilderbuch.**
[에어 주흐트 아인 인테레싼테스 빌더부흐] 그는 재미있는 그림책을 찾는다.

p5-25-23 **Sie gibt das Buch zurück.**
[지 깁트 다스 부흐 추뤽] 그녀는 그 책을 반납합니다.

It's a completely new way to **learn foreign language vocabulary** fast and easy.

Learn
foreign language
vocabulary
GERMAN

26. 학교 체육관에서 필요한 독일어 단어!
체육관에서 필요한 독일어 단어를 정리했습니다.

  It's a completely new way to **learn foreign language vocabulary** fast and easy.

Part 5

테마 생활단어
독일어 테마 생활단어

꼭 필요한 동사 5개!
독일어 동사는 인칭에 따라 어미를 변화시켜야 합니다.

p5-26-01	**spielen**	
	[슈필렌] 운동하다/연주하다	du spielst / er spielt

p5-26-02	**treiben**	
	[트라이벤] 움직이다	du treibst / er treibt

p5-26-03	**gewinnen**	
	[게빈넨] 이기다	du gewinnst / er gewinnt

p5-26-04	**verlieren**	
	[페어리어렌] 지다	du verlierst / er verliert

p5-26-05	**trainieren**	
	[트레니어렌] 훈련하다	du trainierst / er trainiert

It's a completely new way to **learn foreign language vocabulary** fast and easy.

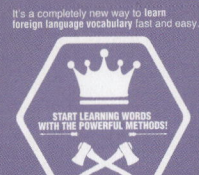

Learn foreign language vocabulary
GERMAN

꼭 필요한 명사 10개!
독일어 명사는 정관사와 함께 기억해 주십시오.

p5-26-06 **der Sport**
[슈포르트] 스포츠

p5-26-07 **der Sportplatz**
[슈포르트플라츠] 경기장

p5-26-08 **das Stadion**
[슈타디온] 경기장

p5-26-09 **die Turnhalle**
[투른할레] (실내)체육관

p5-26-10 **das Spiel**
[슈필] 경기/놀이

p5-26-11 **der Spieler**
[슈필러] 선수

p5-26-12 **das Team**
[팀] 팀

p5-26-13 **die Mannschaft**
[만샤프트] 팀/선수단

p5-26-14 **der Ball**
[발] 공

p5-26-15 **die Gymnastik**
[김나스틱] 체조

Part 5

테마 생활단어
독일어 테마 생활단어

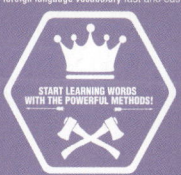

문장을 완성하는 도우미들!

p5-26-16 welcher
[벨헤] 어떤

p5-26-17 gern
[게른] 즐겨 / 기꺼이

p5-26-18 jetzt
[예츠트] 지금

p5-26-19 fleißig
[플라이씨히] 열심히

단어에서 회화 실력으로!

p5-26-20 Welchen Sport treibst du gern?
[벨헨 슈포르트 트라입스트 두 게른?] 너 어떤 운동을 즐겨 하니?

p5-26-21 Ich spiele Fußball.
[이히 슈필레 푸쓰발] 나는 축구를 합니다.

p5-26-22 Welche Mannschaft gewinnt jetzt?
[벨헤 만샤프트 게빈트 예츠트?] 지금 어느 팀이 이깁니까?

p5-26-23 Sie trainiert Gymnastik fleißig.
[지 트레니어트 김나스틱 플라이씨히] 그녀는 체조를 열심히 훈련합니다.

It's a completely new way to **learn foreign language vocabulary** fast and easy.

Learn foreign language vocabulary
GERMAN

 **27. 회사에서 필요한 독일어 단어! (구직활동)**
회사에 들어갈 때 필요한 독일어 단어를 정리했습니다.

260   It's a completely new way to **learn foreign language vocabulary** fast and easy.

Part 5

테마 생활단어
독일어 테마 생활단어

꼭 필요한 동사 5개!
독일어 동사는 인칭에 따라 어미를 변화시켜야 합니다.

---

p5-27-01 **suchen**
[주헨] 찾다 — du suchst / er sucht

p5-27-02 **finden**
[핀덴] 찾다 — du findest / er findet

p5-27-03 **sich bewerben**
[지히 베베르벤] 지원하다 (재귀동사) — du bewirbst / er bewirbt

p5-27-04 **aufhören**
[아우프회렌] 그만두다 (분리동사) — du hörst auf / er hört auf

p5-27-05 **beschäftigen**
[베쉐프티겐] 채용하다 — du beschäftigst / er beschäftigt

It's a completely new way to **learn foreign language vocabulary** fast and easy.

꼭 필요한 명사 10개!
독일어 명사는 정관사와 함께 기억해 주십시오.

p5-27-06 **die Arbeit**
[아르바이트] 직업

p5-27-07 **die Arbeitssuche**
[아르바이츠주헤] 구직

p5-27-08 **der Job**
[좁] 직업

p5-27-09 **die Arbeitslosigkeit**
[아르바이츠로지히카이트] 실업

p5-27-10 **die Karriere**
[카리에레] 경력

p5-27-11 **die Stelle**
[슈텔레] (일)자리

p5-27-12 **der Lebenslauf**
[레벤스라우프] 이력서

p5-27-13 **das Bild**
[빌트] 사진

p5-27-14 **die Bewerbungsunterlagen**
[베베르붕스운터라겐] 지원서

p5-27-15 **das Vorstellungsgespräch**
[포어슈텔룽스게슈프레히] 면접

Part 5

테마 생활단어
독일어 테마 생활단어

 문장을 완성하는 도우미들!

p5-27-16 mich
[미히] 나 자신을 (재귀대명사)

p5-27-17 für
[퓌어] ~을 위해

p5-27-18 ein
[아인] 어떤/하나의 (부정관사)

p5-27-19 fleißig
[플라이씨히] 열심히

 단어에서 회화 실력으로!

p5-27-20 Ich suche eine Stelle.
[이히 주헤 아이네 슈텔레] 나는 일자리를 찾습니다.

p5-27-21 Ich bewerbe mich für eine Stelle.
[이히 베르베 미히 퓌어 아이네 슈텔레] 나는 일자리를 위해 지원합니다.

p5-27-22 Er macht fleißig Karriere.
[에어 마흐트 플라이씨히 카리에레] 그는 열심히 경력을 만듭니다.

p5-27-23 Sie hört die Arbeit auf.
[지 회르트 디 아르바이트 아우프] 그녀는 일을 그만둡니다.

Part 5
테마 생활단어
독일어 테마 생활단어

꼭 필요한 동사 5개!
독일어 동사는 인칭에 따라 어미를 변화시켜야 합니다.

p5-28-01
sein
[자인] ~이다
du bist / er ist

p5-28-02
verdienen
[페어디넨] 벌다
du verdienst / er verdient

p5-28-03
bekommen
[베콤멘] 받다
du bekommst / er bekommt

p5-28-04
steigen
[슈타이겐] 오르다
du steigst / er steigt

p5-28-05
sinken
[징켄] 내리다
du sinkst / er sinkt

꼭 필요한 명사 10개!
독일어 명사는 정관사와 함께 기억해 주십시오.

| p5-28-06 | **das Gehalt** [게할트] 급여 | p5-28-07 | **das Jahresgehalt** [야레스게할트] 연봉 |

| p5-28-08 | **das Monatsgehalt** [모나츠게할트] 월급 | p5-28-09 | **der Bonus** [보누스] 보너스 |

| p5-28-10 | **die Steuer** [슈토이어] 세금 | p5-28-11 | **die Pension** [펜지온] (정년)퇴직 |

| p5-28-12 | **der Lohn** [론] 급료 | p5-28-13 | **der Stundenlohn** [슈툰덴론] 시간제 급료 |

| p5-28-14 | **die Rente** [렌테] 연금 | p5-28-15 | **der Rentner** [렌트너] 연금생활자 |

Part 5
테마 생활단어
독일어 테마 생활단어

문장을 완성하는 도우미들!

p5-28-16 **wie** [비] 어떻게

p5-28-17 **viel** [피일] 많은

p5-28-18 **pro** [프로] ~마다 / 당

p5-28-19 **hoch** [호흐] 높은

p5-28-20 **dein** [다인] 너의 (소유대명사)

p5-28-21 **ohne** [오네] ~ 없이

단어에서 회화 실력으로!

p5-28-22 **Wie viel verdienst du pro Monat?**
[비 피일 페어딘스트 두 프로 모나트?] 너는 한 달에 얼마나 버니?

p5-28-23 **Wie hoch ist dein Jahresgehalt?**
[비 호흐 이스트 다인 야레스게할트?] 너의 연봉은 얼마니?

p5-28-24 **Er bekommt Bonus ohne Steuer.**
[에어 베콤트 보누스 오네 슈토이어.] 그는 세금 없이 보너스를 받는다.

p5-28-25 **Mein Vater ist Rentner.**
[마인 파터 이스트 렌트너.] 나의 아버지는 연금생활자입니다.

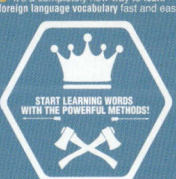

Part 5
테마 생활단어
독일어 테마 생활단어

P5

꼭 필요한 동사 5개!
독일어 동사는 인칭에 따라 어미를 변화시켜야 합니다.

p5-29-01 **berichten**
[베리히텐] 보고하다   du berichtest / er berichtet

p5-29-02 **dürfen**
[뒤르펜] 해도 된다 (화법조동사)   du darfst / er darf

p5-29-03 **besuchen**
[베주헨] 방문하다   du besuchst / er besucht

p5-29-04 **organisieren**
[오가니지어렌] 조직하다   du organisierst / er organisiert

p5-29-05 **arbeiten**
[아르바이텐] 일하다   du arbeitest / er arbeitet

꼭 필요한 명사 10개!
독일어 명사는 정관사와 함께 기억해 주십시오.

p5-29-06 der Direktor
[디렉토어] 사장

p5-29-07 der Gründer
[그륀더] 창업자

p5-29-08 der Unternehmer
[운터네머] 경영자

p5-29-09 der Abteilungsleiter
[압타일룽스라이터] 부장

p5-29-10 der Arbeitgeber
[아르바이트게버] 고용주

p5-29-11 der Arbeitnehmer
[아르바이트네머] 피고용자

p5-29-12 der Leiter
[라이터] 관리자/지도자

p5-29-13 das Mitglied
[밋글리트] 구성원

p5-29-14 der Angestellte
[안게슈텔테] 샐러리맨

p5-29-15 der Kollege
[콜레게] 동료

Part 5

테마 생활단어
독일어 테마 생활단어

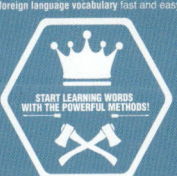

문장을 완성하는 도우미들!

p5-29-16 mein
[마인] 나의 (소유대명사)

p5-29-17 direkt
[디렉트] 직접적인

p5-29-18 an
[안] ~에게

p5-29-19 manchmal
[만히말] 때때로/이따금

p5-29-20 mit
[밋] ~와 함께

단어에서 회화 실력으로!

p5-29-21 Er ist mein Abteilungsleiter.
[에어 이스트 마인 압타일룽스라이터.] 그는 나의 부장입니다.

p5-29-22 Darf ich den Leiter besuchen?
[다르프 이히 덴 라이터 베주헨?] 내가 관리자를 방문해도 됩니까?

p5-29-23 Sie berichtet direkt an den Direktor.
[지 베리히테트 디렉트 안 덴 디렉토어.] 그녀는 사장에게 직접 보고합니다.

p5-29-24 Er arbeitet manchmal mit Kollegen.
[에어 아르바이테트 만히말 밋 콜레겐.] 그는 때때로 동료들과 함께 일합니다.

Part 5

테마 생활단어
독일어 테마 생활단어

꼭 필요한 동사 5개!
독일어 동사는 인칭에 따라 어미를 변화시켜야 합니다.

p5-30-01 schreiben
[슈라이벤] 쓰다 — du schreibst / er schreibt

p5-30-02 machen
[마헨] 하다 / 만들다 — du machst / er macht

p5-30-03 haben
[하벤] 가지다 — du hast / er hat

p5-30-04 dauern
[다우어른] 시간이 걸리다 — du dauerst / er dauert

p5-30-05 arbeiten
[아르바이텐] 일하다 — du arbeitest / er arbeitet

It's a completely new way to **learn foreign language vocabulary** fast and easy.

Learn foreign language vocabulary
GERMAN

꼭 필요한 명사 10개!
독일어 명사는 정관사와 함께 기억해 주십시오.

p5-30-06	**die Firma** [피르마] 회사
p5-30-07	**der Arbeitsplatz** [아르바이츠플라츠] 직장
p5-30-08	**die Arbeitszeit** [아르바이츠차이트] 근무시간
p5-30-09	**die Überstunden** [위버슈툰덴] 잔업시간
p5-30-10	**das Geschäft** [게쉐프트] 업무
p5-30-11	**die Geschäftsreise** [게쉐프츠라이제] 출장
p5-30-12	**die Sitzung** [지충] 회의
p5-30-13	**der Bericht** [베리히트] 보고
p5-30-14	**die Verabredung** [페어압레둥] 약속
p5-30-15	**der Termin** [테르민] 기한/기일/기간

Part 5

테마 생활단어
독일어 테마 생활단어

문장을 완성하는 도우미들!

p5-30-16 ein
[아인] 하나의 (부정관사)

p5-30-17 geschäftlich
[게쉐프틀리히] 업무적으로

p5-30-18 heute
[호이테] 오늘

p5-30-19 morgen
[모르겐] 내일

단어에서 회화 실력으로!

p5-30-20 Sie schreibt einen Bericht.
[지 슈라입트 아이넨 베리히트.] 그녀는 보고서를 씁니다.

p5-30-21 Ich mache eine Geschäftsreise.
[이히 마헤 아이네 게쉐프츠라이제.] 나는 출장을 갑니다.

p5-30-22 Ich habe heute eine Verabredung.
[이히 하베 호이테 아이네 페어압레둥.] 나는 오늘 약속이 있습니다.

p5-30-23 Wir haben morgen eine Sitzung.
[비어 하벤 모르겐 아이네 지충.] 우리는 내일 회의가 있습니다.

p5-30-24 Wie lange dauert die Arbeitszeit?
[비 랑에 다우어트 디 아르바이트차이트?] 근무시간은 얼마나 걸립니까?

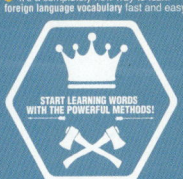

Part 5

테마 생활단어
독일어 테마 생활단어

P5

꼭 필요한 동사 5개!
독일어 동사는 인칭에 따라 어미를 변화시켜야 합니다.

---

p5-31-01
ordnen
[오르드넨] 정돈하다   du ordnest / er ordnet

p5-31-02
bitten
[비텐] 부탁하다   du bittest / er bittet

p5-31-03
schreiben
[슈라이벤] 쓰다   du schreibst / er schreibt

p5-31-04
bringen
[브링엔] 가져오다   du bringst / er bringt

p5-31-05
leeren
[레렌] 비우다   du leerst / er leert

It's a completely new way to **learn foreign language vocabulary** fast and easy.

Learn foreign language vocabulary
GERMAN

꼭 필요한 명사 10개!
독일어 명사는 정관사와 함께 기억해 주십시오.

p5-31-06 **der Schreibtisch** [슈라입티쉬] 책상

p5-31-07 **der Aktenschrank** [악텐쉬랑크] 서류장

p5-31-08 **die Akte** [악테] 서류

p5-31-09 **der Aktenordner** [악텐오르드너] 서류철

p5-31-10 **der Kalender** [칼렌더] 캘린더

p5-31-11 **die Klammer** [클라머] 클립

p5-31-12 **der Terminkalender** [테르민칼렌더] 예약캘린더

p5-31-13 **der Kugelschreiber** [쿠겔슈라이버] 볼펜

p5-31-14 **das Papier** [파피어] 용지

p5-31-15 **der Papierkorb** [파피어코르프] 쓰레기통

Part 5

테마 생활단어
독일어 테마 생활단어

문장을 완성하는 도우미들!

p5-31-16 **oft**
[오프트] 자주

p5-31-17 **nie**
[니] 결코 ~ 아니다

p5-31-18 **mir**
[미어] 나에게 (인칭대명사)

p5-31-19 **mit**
[밋] ~와 함께 (3격전치사)

p5-31-20 **gar nicht**
[가르 니히트] 전혀 아니다

단어에서 회화 실력으로!

p5-31-21 **Sie ordnet oft den Schreibtisch.**
[지 오르드네트 오프트 덴 슈라입티쉬] 그녀는 자주 책상을 정리합니다.

p5-31-22 **Bitte, bringen Sie mir den Aktenordner!**
[비테, 브링엔 지 미어 덴 악텐오르드너] 서류철 좀 나에게 가져다주세요!

p5-31-23 **Er schreibt mit dem Kugelschreiber.**
[에어 슈라입트 밋 뎀 쿠겔슈라이버] 그는 볼펜으로 씁니다.

p5-31-24 **Er leert seinen Papierkorb gar nicht.**
[에어 레르트 자이넨 파피어코르프 가르 니히트] 그는 자신의 쓰레기통을 전혀 비우지 않습니다.

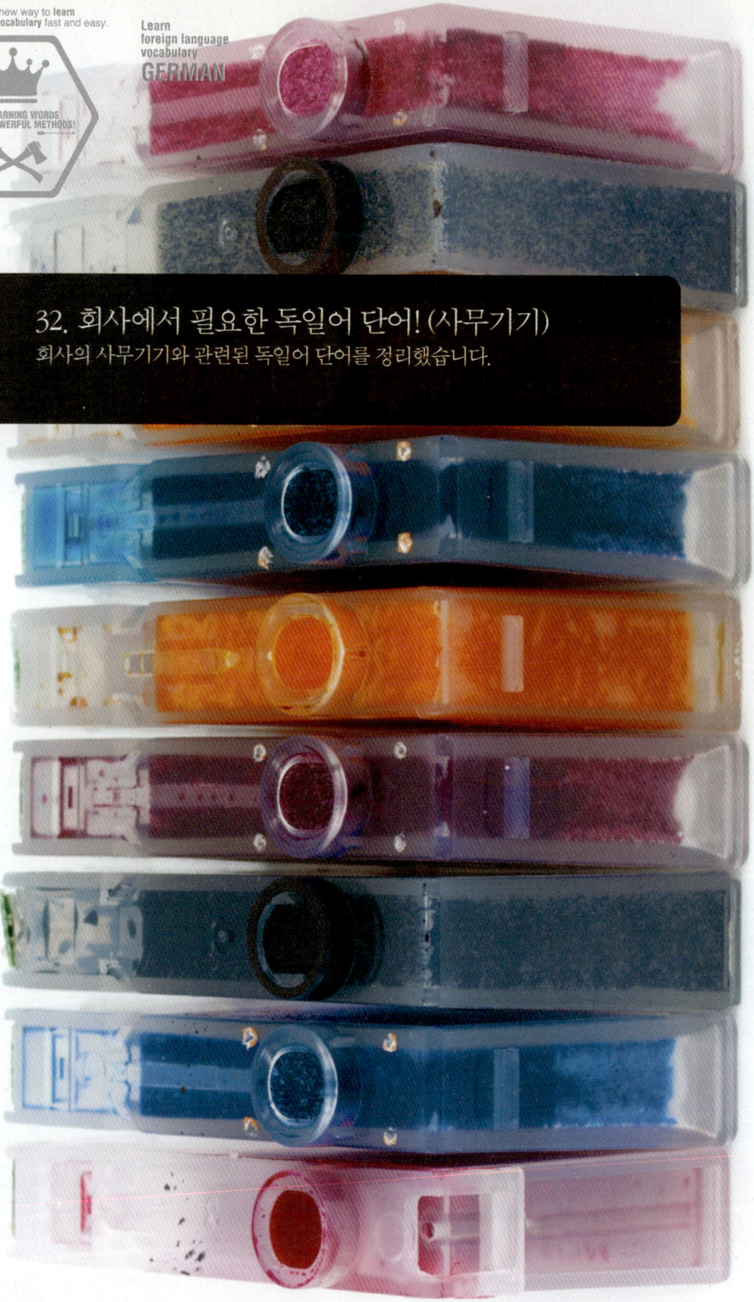

32. 회사에서 필요한 독일어 단어! (사무기기)
회사의 사무기기와 관련된 독일어 단어를 정리했습니다.

Part 5

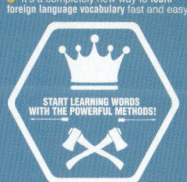 

테마 생활단어
독일어 테마 생활단어

꼭 필요한 동사 5개!
독일어 동사는 인칭에 따라 어미를 변화시켜야 합니다.

p5-32-01 **ausdrucken**
[아우스드룩켄] 인쇄하다 (분리동사)   du druckst aus / er druckt aus

p5-32-02 **schicken**
[쉭켄] 보내다   du schickst / er schickt

p5-32-03 **kopieren**
[코피어렌] 복사하다   du kopierst / er kopiert

p5-32-04 **scannen**
[스케넨] 스캔하다   du scannst / er scannt

p5-32-05 **behandeln**
[베한델른] 다루다/조작하다   du behandelst / er behandelt

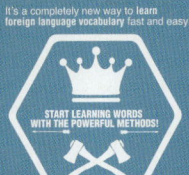

꼭 필요한 명사 10개!
독일어 명사는 정관사와 함께 기억해 주십시오.

p5-32-06 **der Drucker**
[드룩커] 인쇄기

p5-32-07 **das Kopiergerät**
[코피어게레트] 복사기

p5-32-08 **das Fax**
[팍스] 팩스

p5-32-09 **der Scanner**
[스캐너] 스캐너

p5-32-10 **der Computer**
[콤퓨터] 컴퓨터

p5-32-11 **das Notebook**
[노트북] 노트북

p5-32-12 **der Kalkulator**
[칼쿠라토어] 계산기

p5-32-13 **das elektronische Wörterbuch**
[엘렉트로니쉐 뵈르터부흐] 전자사전

p5-32-14 **der Schreibtisch**
[슈라입티쉬] 책상

p5-32-15 **die Unterlage**
[운터라게] 서류

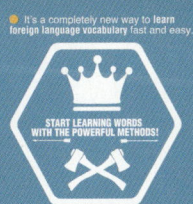

Part 5
테마 생활단어
독일어 테마 생활단어

 문장을 완성하는 도우미들!

p5-32-16 **mir** [미어] 나에게

p5-32-17 **ein** [아인] 하나의 (부정관사)

p5-32-18 **gut** [굿] 좋은/잘

p5-32-19 **und** [운트] 그리고

 단어에서 회화 실력으로!

p5-32-20 **Er schickt mir ein Fax.**
[에어 쉭트 미어 아인 팍스] 그는 나에게 팩스를 보낸다.

p5-32-21 **Sie kopiert eine Unterlage.**
[지 코피어트 아이네 운터라게] 그녀는 서류를 복사합니다.

p5-32-22 **Sie behandelt den Drucker gut.**
[지 베한델트 덴 드룩커 굿] 그녀는 프린터를 잘 다룹니다.

p5-32-23 **Der Drucker druckt aus und der Scanner scannt.**
[데어 드룩커 드룩트 아우스 운트 데어 스캐너 스캔트]
프린터는 인쇄를 하고 스캐너는 스캔을 합니다.

33. 회사에서 필요한 독일어 단어! (컴퓨터 업무)

회사의 컴퓨터 업무와 관련된 독일어 단어를 정리했습니다.

Start learning a language with the powerful methods!

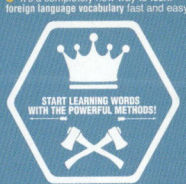 

Part 5
테마 생활단어
독일어 테마 생활단어

꼭 필요한 동사 5개!
독일어 동사는 인칭에 따라 어미를 변화시켜야 합니다.

---

p5-33-01
anklicken
[안클릭켄] 클릭하다 (분리동사)   du klickst an / er klickt an

p5-33-02
tippen
[팁펜] 입력하다   du tippst / er tippt

p5-33-03
speichern
[슈파이허른] 저장하다   du speicherst / er speichert

p5-33-04
installieren
[인스탈리어렌] 설치하다   du installierst / er installiert

p5-33-05
herunterladen
[헤룬터라덴] 다운로드하다 (분리동사)   du lädst herunter / er lädt herunter

꼭 필요한 명사 10개!
독일어 명사는 정관사와 함께 기억해 주십시오.

p5-33-06 **der PC**
[페체] 개인용 컴퓨터

p5-33-07 **der Bildschirm**
[빌트쉬름] 모니터

p5-33-08 **die Tastatur**
[타스타투어] 키보드

p5-33-09 **die Maus**
[마우스] 마우스

p5-33-10 **das Programm**
[프로그람] 프로그램

p5-33-11 **die Daten**
[다텐] 데이터

p5-33-12 **die Software**
[소프트웨어] 소프트웨어

p5-33-13 **das Dokument**
[도쿠멘트] 문서

p5-33-14 **der USB-Stick**
[유에스비-스틱] USB

p5-33-15 **die Datenübertragung**
[다텐위버트라궁] 데이터전송

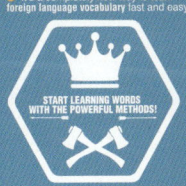

Part 5
테마 생활단어
독일어 테마 생활단어

 문장을 완성하는 도우미들!

p5-33-16 **neu**
[노이] 새로운

p5-33-17 **sehr**
[제어] 매우

p5-33-18 **schnell**
[슈넬] 빠른

 단어에서 회화 실력으로!

p5-33-19 **Sie installiert ein neues Programm.**
[지 인슈탈리어트 아인 노이에스 프로그람.] 그녀는 새로운 프로그램을 설치합니다.

p5-33-20 **Er tippt sehr schnell.**
[에어 팁트 제어 슈넬.] 그는 매우 빠르게 입력합니다.

p5-33-21 **Er speichert die Daten.**
[에어 슈파이허트 디 다텐.] 그는 데이터를 저장합니다.

p5-33-22 **Sie lädt die Daten herunter.**
[지 레트 디 다텐 헤룬터.] 그녀는 데이터를 다운로드합니다.

34. 회사에서 필요한 독일어 단어! (이메일 업무)

회사에서 이메일 업무를 할 때 필요한 독일어 단어를 정리했습니다.

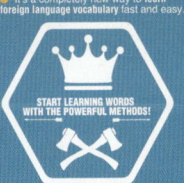

Part 5
테마 생활단어
독일어 테마 생활단어

꼭 필요한 동사 5개!
독일어 동사는 인칭에 따라 어미를 변화시켜야 합니다.

p5-34-01
schreiben
[슈라이벤] 쓰다
du schreibst / er schreibt

p5-34-02
senden
[젠덴] 보내다
du sendest / er sendet

p5-34-03
bekommen
[베콤멘] 받다
du bekommst / er bekommt

p5-34-04
einloggen
[아인로겐] 로그인하다 (분리동사)
du loggst ein / er loggt ein

p5-34-05
ausloggen
[아우스로겐] 로그아웃하다 (분리동사)
du loggst aus / er loggt aus

꼭 필요한 명사 10개!
독일어 명사는 정관사와 함께 기억해 주십시오.

p5-34-06 — das Internet — [인터넷] 인터넷

p5-34-07 — die Webseite — [웹자이테] 웹사이트

p5-34-08 — die Homepage — [홈페이지] 홈페이지

p5-34-09 — die E-Mail — [이-메일] 이메일

p5-34-10 — die E-Mail-Adresse — [이-메일 아드레쎄] 이메일주소

p5-34-11 — die Nachricht — [나흐리히트] 메시지/소식

p5-34-12 — der Nutzer — [누쳐] 아이디

p5-34-13 — das Passwort — [파쓰보르트] 비밀번호

p5-34-14 — der Anschluss — [안슐루쓰] 접속

p5-34-15 — das Netzwerk — [네츠베르크] 네트워크

Part 5
테마 생활단어
독일어 테마 생활단어

문장을 완성하는 도우미들!

p5-34-16 **ihr** [이어] 그녀에게

p5-34-17 **jeder Tag** [예더 탁] 매일

p5-34-18 **viel** [피엘] 많은

p5-34-19 **per** [페어] ~으로/이용하여

단어에서 회화 실력으로!

p5-34-20 **Ich schreibe ihr eine E-Mail.**
[이히 슈라이베 이어 아이네 이-메일] 나는 그녀에게 이메일을 씁니다.

p5-34-21 **Sie bekommt jeden Tag viele E-Mails.**
[지 베콤트 예덴 탁 필레 이-메일스] 그녀는 매일 많은 이메일을 받습니다.

p5-34-22 **Er sendet die Daten per E-Mail.**
[에어 젠데트 디 다텐 페어 이-메일] 그는 데이터를 이메일로 보냅니다.

p5-34-23 **Ich logge mich ein.**
[이히 로게 미히 아인] 나는 로그인합니다.

Part 5
테마 생활단어
독일어 테마 생활단어

꼭 필요한 동사 5개!
독일어 동사는 인칭에 따라 어미를 변화시켜야 합니다.

---

p5-35-01 **telefonieren**
[텔레포니어렌] 전화하다   du telefonierst / er telefoniert

p5-35-02 **anrufen**
[안루펜] 전화를 걸다 (분리동사)   du rufst an / er ruft an

p5-35-03 **sprechen**
[슈프레헨] 통화하다   du sprichst / er spricht

p5-35-04 **berichten**
[베리히텐] 보고하다   du berichtest / er berichtet

p5-35-05 **grüßen**
[그뤼쎈] 인사하다   du grüßt / er grüßt

It's a completely new way to **learn foreign language vocabulary** fast and easy.

꼭 필요한 명사 10개!
독일어 명사는 정관사와 함께 기억해 주십시오.

p5-35-06 **das Telefon** [텔레폰] 전화	p5-35-07 **das Handy** [핸디] 휴대폰
p5-35-08 **der Telefonapparat** [텔레폰아파라트] 전화기	p5-35-09 **der Hauptanschluss** [하우프트안슐루쓰] 대표전화
p5-35-10 **der Nebenanschluss** [네벤안슐루쓰] 내선	p5-35-11 **das Notgespräch** [노트게슈프레히] 긴급통화
p5-35-12 **die Telefonnummer** [텔레폰눔머] 전화번호	p5-35-13 **die Vorwahlnummer** [포어발눔머] 지역번호
p5-35-14 **die Leitung** [라이퉁] 전화선	p5-35-15 **das Telefonbuch** [텔레폰부흐] 전화번호부

Start learning a language with the powerful methods!

Part 5
테마 생활단어
독일어 테마 생활단어

문장을 완성하는 도우미들!

p5-35-16 **mich**
[미히] 나를 (인칭대명사)

p5-35-17 **mit**
[밋] ~와 함께

p5-35-18 **Herr**
[헤어] 미스터 / 씨

p5-35-19 **hier**
[히어] 여기에

p5-35-20 **dort**
[도르트] 거기에

p5-35-21 **besetzt**
[베제츠트] 통화 중인

단어에서 회화 실력으로!

p5-35-22 **Rufen Sie mich an, bitte.**
[루펜 지 미히 안, 비테.] 나에게 전화해주세요.

p5-35-23 **Kann ich mit Herrn Berner sprechen?**
[칸 이히 밋 헤른 베르너 슈프레헨?] 베르너 씨와 통화할 수 있습니까?

p5-35-24 **Hier spricht Berner.**
[히어 슈프리히트 베르너.] 베르너입니다.

p5-35-25 **Wer spricht dort?**
[베어 슈프리히트 도르트?] 누구십니까?

p5-35-26 **Die Leitung ist besetzt.**
[디 라이퉁 이스트 베제츠트.] 전화는 통화 중입니다.

It's a completely new way to learn foreign language vocabulary fast and easy.

It's a completely new way to **learn foreign language vocabulary** fast and easy.

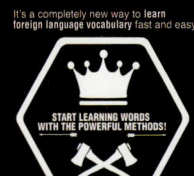

Learn
foreign language
vocabulary
GERMAN

36. 교통수단 이용에 필요한 독일어 단어! (버스/택시)
교통수단, 특히 버스와 택시를 이용할 때 필요한 독일어 단어를 정리했습니다.

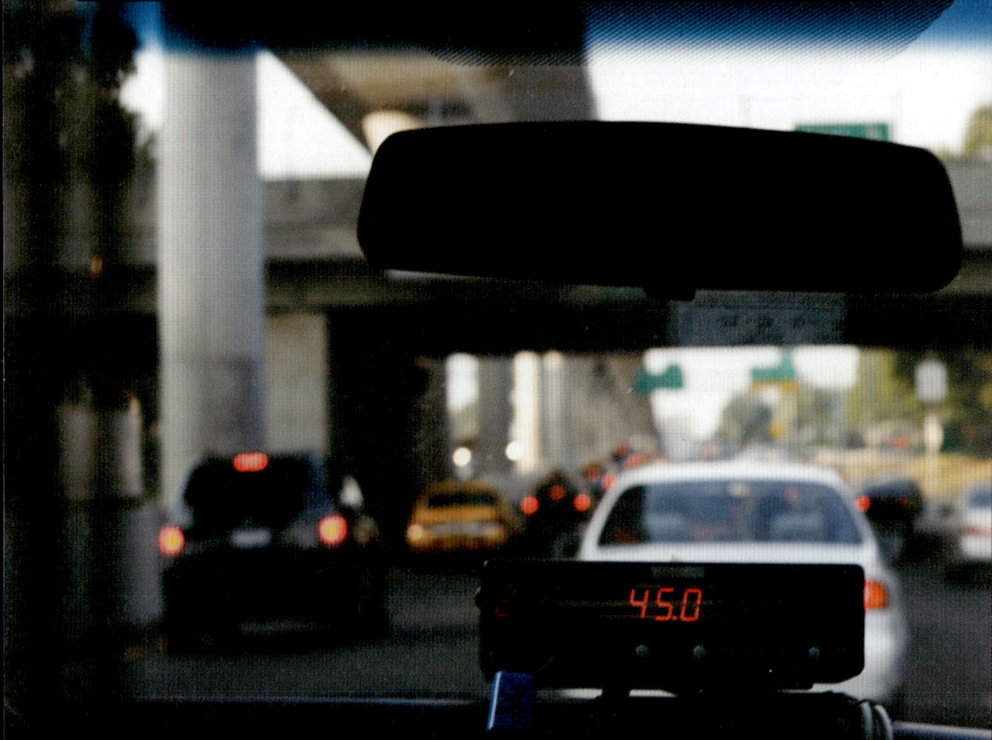

Part 5
테마 생활단어
독일어 테마 생활단어

꼭 필요한 동사 5개!
독일어 동사는 인칭에 따라 어미를 변화시켜야 합니다.

p5-36-01
gehen
[게엔] 걸어가다   du gehst / er geht

p5-36-02
fahren
[파렌] ~을 타고가다   du fährst / er fährt

p5-36-03
warten
[바르텐] 기다리다   du wartest / er wartet

p5-36-04
missen
[미쎈] 놓치다   du mißt / er mißt

p5-36-05
halten
[할텐] 정지하다   du hältst / er hält

It's a completely new way to **learn foreign language vocabulary** fast and easy.

꼭 필요한 명사 10개!
독일어 명사는 정관사와 함께 기억해 주십시오.

p5-36-06 **das Taxi**
[탁시] 택시

p5-36-07 **der Taxistand**
[탁시슈탄트] 택시정류장

p5-36-08 **der Bus**
[부스] 버스

p5-36-09 **die Bushaltestelle**
[부스할테슈텔레] 버스정류장

p5-36-10 **der Busbahnhof**
[부스반호프] 버스터미널

p5-36-11 **die Straße**
[슈트라쎄] 도로

p5-36-12 **der Fußgängerüberweg**
[푸쓰갱어위버벡] 횡단보도

p5-36-13 **die Verkehrsampel**
[페어케어스암펠] 신호등

p5-36-14 **das Verkehrszeichen**
[페어케어스차이헨] 교통표지

p5-36-15 **das Hinweiszeichen**
[힌바이스차이헨] 안내표지

Part 5

테마 생활단어
독일어 테마 생활단어

문장을 완성하는 도우미들!

p5-36-16 links
[링크스] 좌측에

p5-36-17 rechts
[레히츠] 우측에

p5-36-18 geradeaus
[게라데아우스] 곧장

p5-36-19 zu Fuß
[추 푸쓰] 걸어서

p5-36-20 auf
[아우프] ~에 대해

단어에서 회화 실력으로!

p5-36-21 Ich gehe zu Fuß zur Bushaltestelle.
[이히 게에 추 푸쓰 추어 부스할테슈텔레.]
나는 걸어서 버스정류장으로 갑니다.

p5-36-22 Er fährt mit dem Bus zur Arbeit.
[에어 페르트 밋 뎀 부스 추어 아르바이트.] 그는 버스를 타고 일하러 갑니다.

p5-36-23 Fährst du mit dem Bus?
[페르스트 두 밋 뎀 부스?] 너 버스 타고 가니?

p5-36-24 Er wartet auf den Bus.
[에어 바르테트 아우프 덴 부스.] 그는 버스를 기다립니다.

p5-36-25 Wo hält der Bus?
[보 헬트 데어 부스?] 버스는 어디에 정차합니까?

37. 교통수단 이용에 필요한 독일어 단어! (기차/지하철)
교통수단, 특히 기차와 지하철을 이용할 때 필요한 독일어 단어를 정리했습니다.

Part 5

테마 생활단어
독일어 테마 생활단어

꼭 필요한 동사 5개!
독일어 동사는 인칭에 따라 어미를 변화시켜야 합니다.

p5-37-01 **ankommen**
[안콤멘] 도착하다 (분리동사)　　du kommst an / er kommt an

p5-37-02 **abfahren**
[압파렌] 출발하다 (분리동사)　　du fährst ab / er fährt ab

p5-37-03 **einsteigen**
[아인슈타이겐] 타다 (분리동사)　　du steigst ein / er steigt ein

p5-37-04 **aussteigen**
[아우스슈타이겐] 내리다 (분리동사)　　du steigst aus / er steigt aus

p5-37-05 **umsteigen**
[움슈타이겐] 환승하다 (분리동사)　　du steigst um / er steigt um

It's a completely new way to **learn foreign language vocabulary** fast and easy.

꼭 필요한 명사 10개!
독일어 명사는 정관사와 함께 기억해 주십시오.

p5-37-06 **der Zug**
[축] 기차

p5-37-07 **die U-Bahn**
[우-반] 지하철

p5-37-08 **die Straßenbahn**
[슈트라쎈반] 전차

p5-37-09 **der ICE** (Inter City Express)
[이체에] 특급열차

p5-37-10 **der Bahnsteig**
[반슈타이크] 플랫폼

p5-37-11 **die Bahnhofshalle**
[반호프스할레] 대합실

p5-37-12 **die Fahrkarte**
[파르카르테] 차표

p5-37-13 **der Fahrkartenschalter**
[파르카르텐샬터] 매표소

p5-37-14 **der Fahrscheinautomat**
[파르샤인아우토마트] 승차권판매기

p5-37-15 **der Fahrscheinentwerter**
[파르샤인엔트베르터] 개찰기

Part 5
테마 생활단어
독일어 테마 생활단어

문장을 완성하는 도우미들!

p5-37-16 **in**
[인] ~안에

p5-37-17 **wann**
[반] 언제

p5-37-18 **direkt**
[디렉트] 직접적으로

p5-37-19 **nach**
[나흐] ~ 향해

단어에서 회화 실력으로!

p5-37-20 **Er steigt in die U-Bahn ein.**
[에어 슈타익트 인 디 우-반 아인.] 그는 지하철을 탑니다.

p5-37-21 **Wann kommt der Zug in Frankfurt an?**
[반 콤트 데어 축 인 프랑크푸르트 안?]
기차는 프랑크푸르트에 언제 도착합니까?

p5-37-22 **Der Zug fährt direkt nach Berlin.**
[데어 축 페르트 디렉트 나흐 베를린.] 기차는 베를린으로 직행합니다.

p5-37-23 **Ich steige jetzt um.**
[이히 슈타이게 예츠트 움.] 나는 지금 환승합니다.

Part 5
테마 생활단어
독일어 테마 생활단어

꼭 필요한 동사 5개!
독일어 동사는 인칭에 따라 어미를 변화시켜야 합니다.

---

p5-38-01 fliegen
[플리겐] 날다/비행하다   du fliegst / er fliegt

p5-38-02 starten
[슈타르텐] 시작하다   du startest / er startet

p5-38-03 landen
[란덴] 착륙하다   du landest / er landet

p5-38-04 setzen
[제첸] 앉히다   du setzt / er setzt

p5-38-05 abfliegen
[압플리겐] 이륙하다 (분리동사)   du fliegst ab / er fliegt ab

It's a completely new way to **learn foreign language vocabulary** fast and easy.

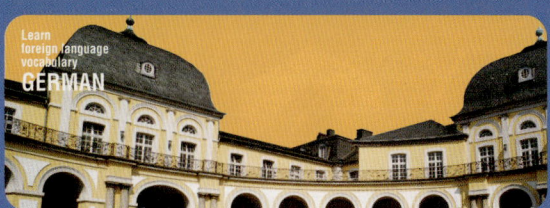

Learn foreign language vocabulary
GERMAN

꼭 필요한 명사 10개!
독일어 명사는 정관사와 함께 기억해 주십시오.

| p5-38-06 | **das Flugzeug** [프룩초이크] 비행기 | p5-38-07 | **der Flughafen** [플룩하펜] 공항 |

| p5-38-08 | **die Stewardess** [스튜어디스] 여승무원 | p5-38-09 | **der Steward** [스튜어드] 남승무원 |

| p5-38-10 | **der Abflug** [압플룩] 이륙 | p5-38-11 | **die Ankunft** [안쿤프트] 착륙 / 도착 |

| p5-38-12 | **die Flugkarte** [플룩카르테] 비행기표 | p5-38-13 | **der Personalausweis** [페르조날아우스바이스] 신분증 |

| p5-38-14 | **das Schiff** [쉬프] 선박 | p5-38-15 | **der Hafen** [하펜] 항만/항구 |

Part 5

테마 생활단어
독일어 테마 생활단어

문장을 완성하는 도우미들!

p5-38-16 **nach**
[나흐] ~을 향해

p5-38-17 **wann**
[반] 언제

p5-38-18 **morgen**
[모르겐] 내일

p5-38-19 **mit**
[밋] ~와 함께 / ~으로

p5-38-20 **aus**
[아우스] ~로부터

단어에서 회화 실력으로!

p5-38-21 **Ich fliege nach Europa.**
[이히 플리게 나흐 오이로파.] 나는 유럽으로 갑니다.

p5-38-22 **Wann ist der Abflug nach Deutschland?**
[반 이스트 데어 압플룩 나흐 도이취란트?] 독일행 항공 출발은 언제입니까?

p5-38-23 **Das Flugzeug nach Österreich fliegt morgen ab.**
[다스 플룩초이크 나흐 외스트라이히 플릭트 모르겐 압.]
오스트리아행 비행편은 내일 이륙합니다.

p5-38-24 **Er fährt mit dem Schiff.**
[에어 페르트 밋 뎀 쉬프.] 그는 배를 타고 갑니다.

p5-38-25 **Wann ist die Ankunft aus Berlin?**
[반 이스트 디 안쿤프트 아우스 베를린?] 베를린 출발편 도착은 언제입니까?

Start learning a language with the **powerful methods!**

Part 5
테마 생활단어
독일어 테마 생활단어

P5

꼭 필요한 동사 5개!
독일어 동사는 인칭에 따라 어미를 변화시켜야 합니다.

---

p5-39-01 **tanken**
[탕켄] 주유하다   du tankst / er tankt

p5-39-02 **dürfen**
[뒤르펜] 해도 된다   du darfst / er darf

p5-39-03 **parken**
[파르켄] 주차하다   du parkst / er parkt

p5-39-04 **überholen**
[위버홀렌] 추월하다   du überholst / er überholt

p5-39-05 **rasen**
[라젠] 질주하다   du rast / er rast

꼭 필요한 명사 10개!
독일어 명사는 정관사와 함께 기억해 주십시오.

| p5-39-06 | **der Wagen** [바겐] 자동차 |
| p5-39-07 | **der Lastwagen** [라스트바겐] 화물차 |

| p5-39-08 | **das Motorrad** [모토라트] 오토바이 |
| p5-39-09 | **der Führerschein** [퓌러샤인] 운전면허증 |

| p5-39-10 | **der Parkplatz** [파르크플라츠] 주차장 |
| p5-39-11 | **das Parkverbot** [파르크페어보트] 주차금지 |

| p5-39-12 | **die Tankstelle** [탕크슈텔레] 주유소 |
| p5-39-13 | **das Benzin** [벤친] 휘발유 |

| p5-39-14 | **der Diesel** [디젤] 경유 |
| p5-39-15 | **das Navi** [나비] 내비게이션 |

Part 5

테마 생활단어
독일어 테마 생활단어

문장을 완성하는 도우미들!

p5-39-16 wo
[보] 어디

p5-39-17 mit
[밋] ~와 같이

p5-39-18 voll
[폴] 가득찬

p5-39-19 hier
[히어] 여기에

p5-39-20 links
[링크스] 왼쪽으로

p5-39-21 rechts
[레히츠] 오른쪽으로

단어에서 회화 실력으로!

p5-39-22 Wo ist die Tankstelle?
[보 이스트 디 탕크슈텔레?] 주유소는 어디 있습니까?

p5-39-23 Bitte, tanken Sie mit Benzin voll.
[비테, 탕켄 지 밋 벤친 폴] 휘발유로 가득 넣어 주세요.

p5-39-24 Darf ich hier parken?
[다르프 이히 히어 파르켄?] 여기에 주차를 해도 됩니까?

p5-39-25 Der Wagen überholt (von) links.
[데어 바겐 위버홀트 (폰) 링크스] 자동차가 왼쪽으로 추월합니다.

It's a completely new way to **learn foreign language vocabulary** fast and easy.

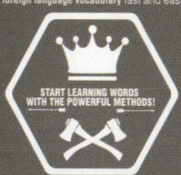

Learn
foreign language
vocabulary
GERMAN

40. 식사를 하려고 할 때 필요한 독일어 단어!
식사하려고 할 때 필요한 독일어 단어를 정리했습니다.

Part 5

테마 생활단어
독일어 테마 생활단어

꼭 필요한 동사 5개!
독일어 동사는 인칭에 따라 어미를 변화시켜야 합니다.

p5-40-01
haben
[하벤] 가지다　　　du hast / er hat

p5-40-02
machen
[마헨] 만들다　　　du machst / er macht

p5-40-03
essen
[에쎈] 먹다　　　du isst / er isst

p5-40-04
trinken
[트링켄] 마시다　　　du trinkst / er trinkt

p5-40-05
frühstücken
[프뤼슈튁켄] 아침식사하다　　　du frühstückst / er frühstückt

It's a completely new way to **learn foreign language vocabulary** fast and easy.

꼭 필요한 명사 10개!
독일어 명사는 정관사와 함께 기억해 주십시오.

p5-40-06 **die Mahlzeit**
[말차이트] 식사

p5-40-07 **das Essen**
[에쎈] 식사

p5-40-08 **das Frühstück**
[프뤼슈퇵] 조식

p5-40-09 **das Mittagessen**
[미탁에쎈] 중식

p5-40-10 **das Abendessen**
[아벤트에쎈] 석식

p5-40-11 **das Gericht**
[게리히트] 요리

p5-40-12 **der Hunger**
[흥어] 배고픔

p5-40-13 **der Durst**
[두어스트] 갈증

p5-40-14 **der Appetit**
[압페티트] 식욕

p5-40-15 **das Restaurant**
[레스토랑] 레스토랑

Part 5

테마 생활단어
독일어 테마 생활단어

문장을 완성하는 도우미들!

p5-40-16 **gut**
[굿] 좋은

p5-40-17 **groß**
[그로쎄] 큰

p5-40-18 **kein**
[카인] 아니다

p5-40-19 **dir**
[디어] 너에게

단어에서 회화 실력으로!

p5-40-20 **Mahlzeit!**
[말차이트!] 어서 드세요!

p5-40-21 **Guten Appetit!**
[구텐 압페티트!] 맛있게 드세요!

p5-40-22 **Ich habe großen Hunger.**
[이히 하베 그로쎈 훙어.] 나는 매우 배고픕니다.

p5-40-23 **Sie hat keinen Appetit.**
[지 하트 카이넨 압페티트.] 그녀는 식욕이 없습니다.

p5-40-24 **Ich mache dir Frühstück.**
[이히 마헤 디어 프뤼슈튁.] 내가 너에게 아침식사를 만들어 줄게.

Learn foreign language vocabulary
GERMAN

41. 식사할 때 필요한 독일어 단어! (식당)

식사를 할 때 식당에서 필요한 독일어 단어를 정리했습니다.

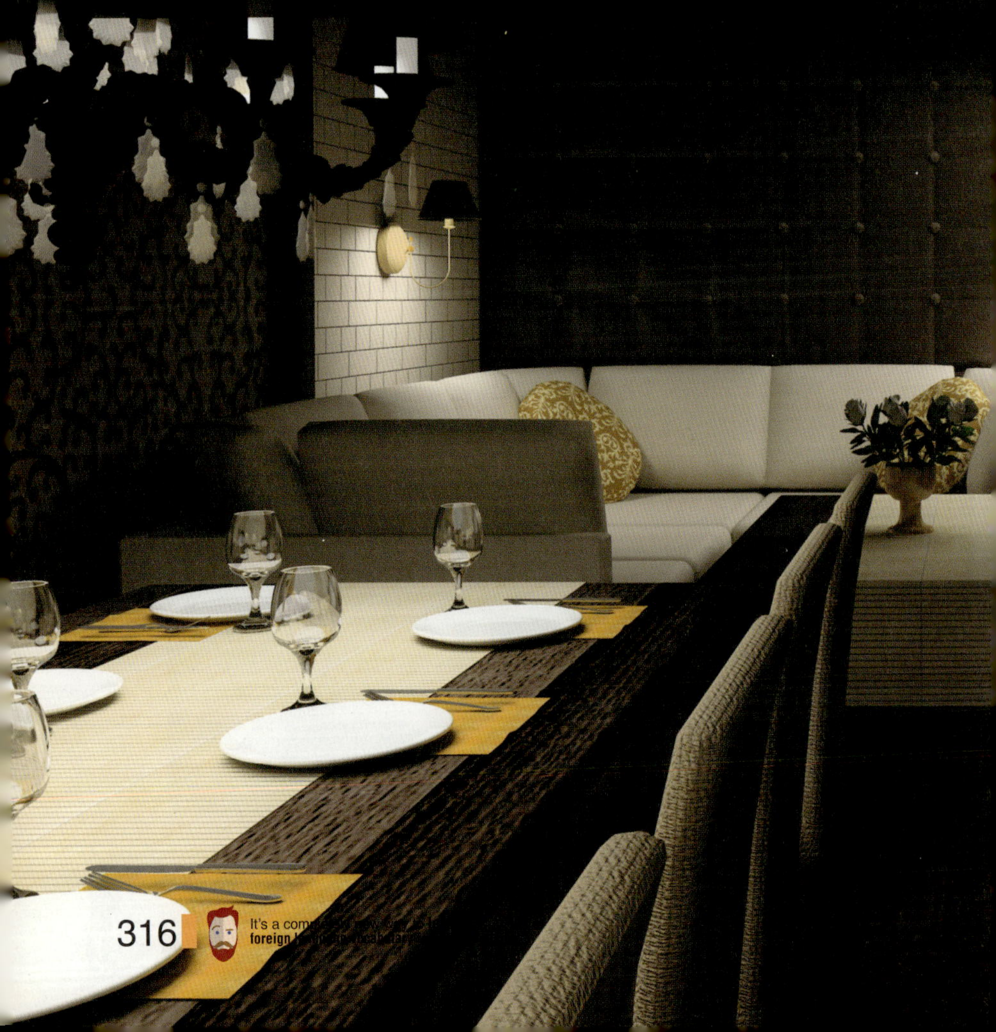

Part 5
테마 생활단어
독일어 테마 생활단어

 꼭 필요한 동사 5개!
독일어 동사는 인칭에 따라 어미를 변화시켜야 합니다.

p5-41-01
rufen
[루펜] 부르다   du rufst / er ruft

p5-41-02
wählen
[벨렌] 선택하다   du wählst / er wählt

p5-41-03
bestellen
[베슈텔렌] 주문하다   du bestellst / er bestellt

p5-41-04
bringen
[브링엔] 가져오다   du bringst / er bringt

p5-41-05
empfehlen
[엠펠렌] 추천하다   du empfiehlst / er empfiehlt

꼭 필요한 명사 10개!
독일어 명사는 정관사와 함께 기억해 주십시오.

| p5-41-06 | **das Restaurant** [레스토랑] 식당 | p5-41-07 | **der Kellner** [켈너] 식당직원 / 웨이터 |

| p5-41-08 | **die Speisekarte** [슈파이제카르테] 메뉴/식단 | p5-41-09 | **die Vorspeise** [포어슈파이제] 전채 |

| p5-41-10 | **das Hauptgericht** [하우프트게리히트] 메인요리 | p5-41-11 | **das Dessert** [데쎄어트] 디저트 |

| p5-41-12 | **das Fleischgericht** [플라이쉬게리히트] 육류요리 | p5-41-13 | **das Fischgericht** [피쉬게리히트] 생선요리 |

| p5-41-14 | **das Diätmenü** [디에트메뉴] 다이어트메뉴 | p5-41-15 | **das Getränk** [게트렝크] 음료 |

Part 5

테마 생활단어
독일어 테마 생활단어

문장을 완성하는 도우미들!

p5-41-16 was
[바스] 무엇

p5-41-17 mir
[미어] 나에게

p5-41-18 ein
[아인] 하나의 (부정관사)

p5-41-19 bitte
부탁합니다

단어에서 회화 실력으로!

p5-41-20 Er ruft den Kellner.
[에어 루프트 덴 켈러.] 그는 웨이터를 부릅니다.

p5-41-21 Die Speisekarte, bitte!
[디 슈파이제카르테, 비테!] 메뉴 주세요.

p5-41-22 Was empfehlen Sie?
[바스 엠프펠렌 지?] 무엇을 추천하십니까?

p5-41-23 Bitte, bringen Sie mir ein Dessert.
[비테, 브링엔 지 미어 아인 데쎄어트.] 나에게 디저트를 가져다 주십시오.

42. 식사할 때 필요한 독일어 단어! (식탁)
식사를 할 때 식탁에서 필요한 독일어 단어를 정리했습니다.

Part 5

테마 생활단어
독일어 테마 생활단어

꼭 필요한 동사 5개!
독일어 동사는 인칭에 따라 어미를 변화시켜야 합니다.

p5-42-01 vorbereiten
[포베라이텐] 준비하다 (분리동사) du bereitest vor / er bereitet vor

p5-42-02 decken
[덱켄] 덮다/차리다 du deckst / er deckt

p5-42-03 stellen
[슈텔렌] 놓다 du stellst / er stellt

p5-42-04 sitzen
[지첸] 앉다 du sitzt / er sitzt

p5-42-05 essen
[에쎈] 먹다 du isst / er isst

꼭 필요한 명사 10개!
독일어 명사는 정관사와 함께 기억해 주십시오.

| p5-42-06 | **der Esstisch** [에쓰티쉬] 식탁 |
| p5-42-07 | **das Geschirr** [게쉬르] 식기 |

| p5-42-08 | **die Gabel** [가벨] 포크 |
| p5-42-09 | **das Messer** [메서] 나이프 |

| p5-42-10 | **der Löffel** [뢰펠] 스푼 |
| p5-42-11 | **das Stäbchen** [슈탭헨] 젓가락 |

| p5-42-12 | **der Teller** [텔러] 접시 |
| p5-42-13 | **das Glas** [글라스] 유리잔 |

| p5-42-14 | **der Salzstreuer** [잘츠슈토이어] 소금통 |
| p5-42-15 | **die Serviette** [제르비에테] 냅킨 |

Part 5

테마 생활단어
독일어 테마 생활단어

문장을 완성하는 도우미들!

p5-42-16 **gerade**
[게라데] 곧바로

p5-42-17 **mit**
[밋] ~으로

p5-42-18 **auf**
[아우프] 위에/위로

단어에서 회화 실력으로!

p5-42-19 **Er bereitet gerade das Essen vor.**
[에어 베라이테트 게라데 다스 에쎈 포어.] 그는 곧바로 식사를 준비합니다.

p5-42-20 **Er deckt den Tisch mit Servietten, Gabeln und Messern.**
[에어 덱트 덴 티쉬 밋 제르비에텐, 가벨른 운트 메써른.]
그는 냅킨, 포크 그리고 나이프들로 테이블을 차립니다.

p5-42-21 **Sie stellt die Gläser auf den Esstisch.**
[지 슈텔트 디 글레저 아우프 덴 에쓰티쉬.]
그녀는 잔들을 식탁 위에 놓습니다.

p5-42-22 **Sie isst mit den Stäbchen.**
[지 이쓰트 밋 덴 슈텝헨.] 그녀는 젓가락으로 먹습니다.

Part 5

테마 생활단어
독일어 테마 생활단어

P5

꼭 필요한 동사 5개!
독일어 동사는 인칭에 따라 어미를 변화시켜야 합니다.

p5-43-01 kochen
[코헨] 요리하다 — du kochst / er kocht

p5-43-02 schmecken
[슈멕켄] 맛이 나다 — du schmeckst / er schmeckt

p5-43-03 braten
[브라텐] (고기를) 굽다 — du brätst / er brät

p5-43-04 backen
[박켄] (빵을) 굽다 — du bäckst / er bäckt

p5-43-05 würzen
[뷔르첸] 양념하다 — du würzt / er würzt

꼭 필요한 명사 10개!
독일어 명사는 정관사와 함께 기억해 주십시오.

p5-43-06 **das Kochen** [코헨] 요리

p5-43-07 **die Küche** [퀴헤] 주방

p5-43-08 **der Topf** [토프] 냄비

p5-43-09 **die Pfanne** [파네] 프라이팬

p5-43-10 **der Ofen** [오펜] 오븐

p5-43-11 **die Mikrowelle** [미크로벨레] 전자레인지

p5-43-12 **der Grill** [그릴] 그릴

p5-43-13 **die Kochplatte** [코흐플라테] 요리용 전열기

p5-43-14 **der Kessel** [케쎌] 주전자

p5-43-15 **der Toaster** [토스터] 토스터

Start learning a language with the **powerful methods!**

Part 5
테마 생활단어
독일어 테마 생활단어

P5

 문장을 완성하는 도우미들!

p5-43-16	**sehr** [제어] 매우	p5-43-17	**gut** [굿] 좋은
p5-43-18	**etwas** [에트바스] 어떤 것/무엇	p5-43-19	**nicht** [니히트] 아니다
p5-43-20	**mir** [미어] 나에게	p5-43-21	**schlecht** [슐레히트] 나쁜

 단어에서 회화 실력으로!

p5-43-22 **Sie kocht sehr gut.**
[지 코흐트 제어 굿] 그녀는 요리를 매우 잘합니다.

p5-43-23 **Er bratet etwas in der Pfanne.**
[에어 브라테트 에트바스 인 데어 파네]
그는 무엇인가를 프라이팬에 굽습니다.

p5-43-24 **Sie backt einen Kuchen im Ofen.**
[지 박트 아이넨 쿠헨 임 오펜] 그녀는 오븐에 쿠키를 굽습니다.

p5-43-25 **Wie schmeckt dir das?**
[비 슈멕트 디어 다스?] 그거 맛이 어떠니?

p5-43-26 **Es schmeckt mir nicht schlecht.**
[에스 슈멕트 미어 니히트 슐레히트] 맛이 나쁘지 않습니다.

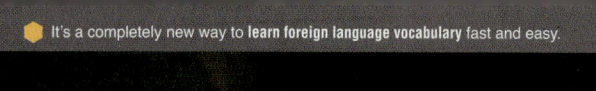
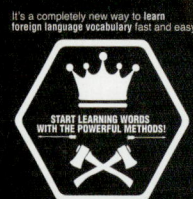

Learn foreign language vocabulary
GERMAN

44. 식사할 때 필요한 독일어 단어! (카페)
식사 후 디저트 또는 카페에서 필요한 단어를 정리했습니다.

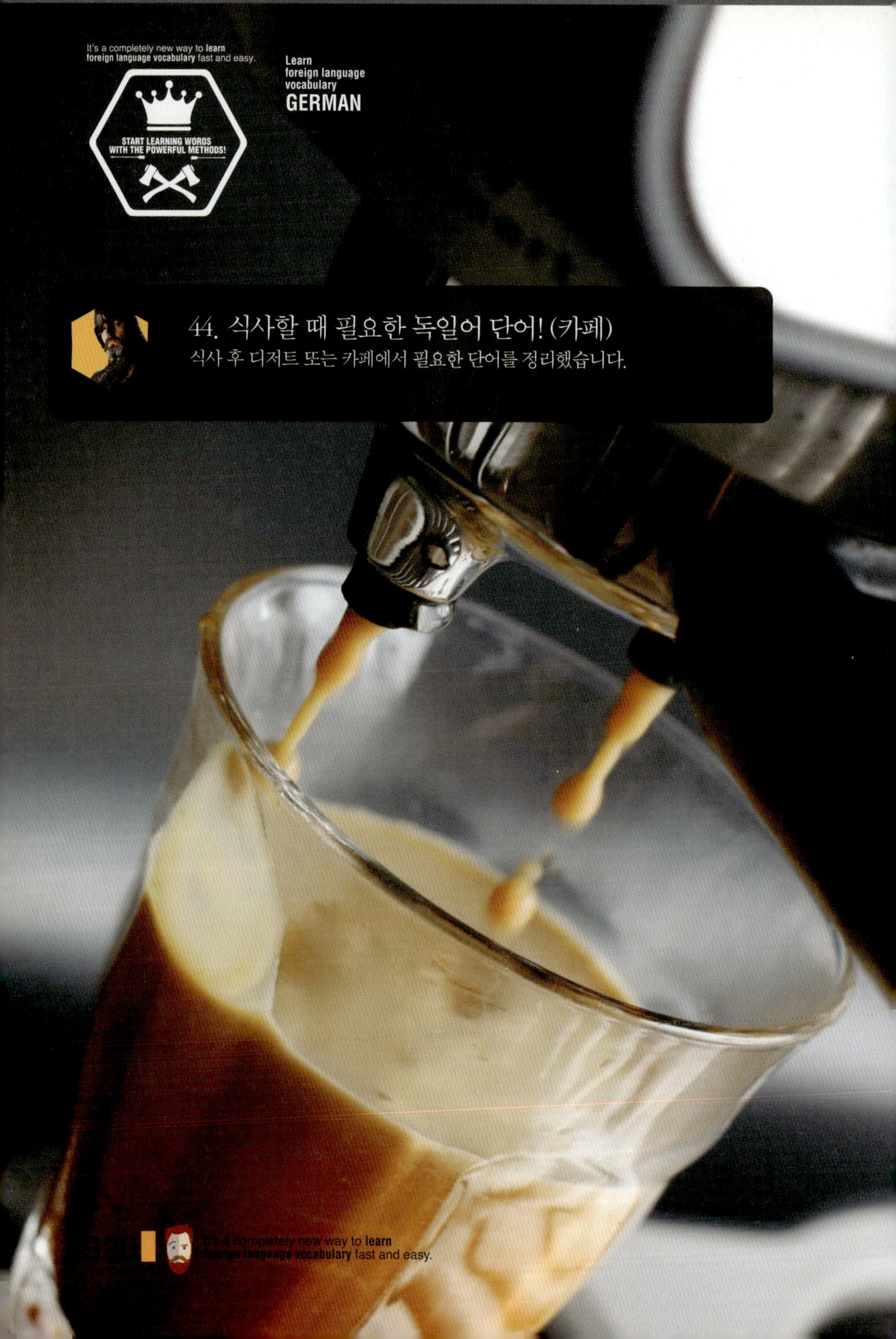

Part 5

테마 생활단어
독일어 테마 생활단어

꼭 필요한 동사 5개!
독일어 동사는 인칭에 따라 어미를 변화시켜야 합니다.

---

p5-44-01
mögen
[뫼겐] 좋아하다 du magst / er mag

p5-44-02
trinken
[트링켄] 마시다 du trinkst / er trinkt

p5-44-03
nehmen
[네멘] 택하다 du nimmst / er nimmt

p5-44-04
sich unterhalten
[지히 운터할텐] 담소 나누다 du unterhältst / er unterhält

p5-44-05
einladen
[아인라덴] 초대하다 (분리동사) du lädst ein / er lädt ein

It's a completely new way to **learn foreign language vocabulary** fast and easy.

꼭 필요한 명사 10개!
독일어 명사는 정관사와 함께 기억해 주십시오.

| p5-44-06 | **das Café** [카페] 카페 | p5-44-07 | **der Kaffee** [카페] 커피 |

- p5-44-06 **das Café** [카페] 카페
- p5-44-07 **der Kaffee** [카페] 커피
- p5-44-08 **der Tee** [테] 차
- p5-44-09 **der Saft** [자프트] 주스
- p5-44-10 **das Wasser** [바써] 물
- p5-44-11 **das Cola** [콜라] 콜라
- p5-44-12 **die Milch** [밀히] 우유
- p5-44-13 **der Zucker** [추커] 설탕
- p5-44-14 **der Kuchen** [쿠헨] 쿠키
- p5-44-15 **die Torte** [토르테] 파이

Start learning a language with the **powerful methods!**

Part 5
테마 생활단어
독일어 테마 생활단어

문장을 완성하는 도우미들!

p5-44-16 was
[바스] 무엇

p5-44-17 mich
[미히] 나 자신을 (재귀대명사)

p5-44-18 mit ihm
[밋 임] 그와 함께

p5-44-19 zum
[춤] zu dem ~에

단어에서 회화 실력으로!

p5-44-20 Was möchtest du trinken?
[바스 뫼히테스트 두 트링켄?] 너 뭐 마시고 싶니?

p5-44-21 Ich möchte ein Saft.
[이히 뫼히테 아인 자프트] 나는 주스를 원합니다.

p5-44-22 Ich unterhalte mich mit ihm.
[이히 운터할테 미히 밋 임] 나는 그와 이야기를 나눕니다.

p5-44-23 Ich lade ihn zum Kaffee ein.
[이히 라데 인 춤 카페 아인.]
나는 그를 커피에 초대합니다. (나는 그를 대접합니다.)

45. 쇼핑을 하려고 할 때 필요한 독일어 단어! (쇼핑가)

쇼핑을 하려고 할 때 필요한 단어를 정리했습니다.

Part 5

테마 생활단어
독일어 테마 생활단어

꼭 필요한 동사 5개!
독일어 동사는 인칭에 따라 어미를 변화시켜야 합니다.

p5-45-01 gehen
[게엔] 가다
du gehst / er geht

p5-45-02 einkaufen
[아인카우펜] 구입하다 (분리동사)
du kaufst ein / er kauft ein

p5-45-03 öffnen
[외프넨] 열다
du öffnest / er öffnet

p5-45-04 schließen
[슐리쎈] 닫다
du schließt / er schließt

p5-45-05 bekommen
[베콤멘] 받다
du bekommst / er bekommt

It's a completely new way to **learn foreign language vocabulary** fast and easy.

꼭 필요한 명사 10개!
독일어 명사는 정관사와 함께 기억해 주십시오.

p5-45-06 **der Einkauf**
[아인카우프] 쇼핑

p5-45-07 **die Geschäftsstraße**
[게쉐프츠슈트라쎄] 상가

p5-45-08 **das Kaufhaus**
[카우프하우스] 백화점

p5-45-09 **der Supermarkt**
[주퍼마르크트] 슈퍼마켓

p5-45-10 **der Markt**
[마르크트] 시장

p5-45-11 **die Bäckerei**
[베커라이] 빵집

p5-45-12 **die Metzgerei**
[메츠게라이] 정육점

p5-45-13 **das Lebensmittelgeschäft**
[레벤스미텔게쉐프트] 식료품점

p5-45-14 **die Buchhandlung**
[부흐한들룽] 서점

p5-45-15 **das Modegeschäft**
[모데게쉐프트] 옷가게

Part 5

테마 생활단어
독일어 테마 생활단어

문장을 완성하는 도우미들!

p5-45-16 geöffnet
[게외프네트] 열린

p5-45-17 geschlossen
[게슐로쎈] 닫힌

p5-45-18 zur
[추어] zu der ~로

p5-45-19 etwas
[에트바스] 어떤 것

p5-45-20 wann
[반] 언제

p5-45-21 schon
[숀] 이미

단어에서 회화 실력으로!

p5-45-22 Ich gehe zur Geschäftsstraße.
[이히 게에 추어 게쉐프츠슈트라쎄.] 나는 상가에 갑니다.

p5-45-23 Er kauft etwas im Lebensmittelgeschäft ein.
[에어 카우프트 에트바스 임 레벤스미텔게쉐프트 아인.]
그는 식료품점에서 무엇인가를 삽니다.

p5-45-24 Wann öffnet die Bäckerei?
[반 외프네트 디 베커라이?] 빵집은 언제 엽니까?

p5-45-25 Die Bäckerei ist schon geöffnet.
[디 베커라이 이스트 숀 게외프네트.] 빵집은 이미 열었습니다.

It's a completely new way to **learn foreign language vocabulary** fast and easy.

46. 쇼핑할 때 필요한 독일어 단어! (백화점)

쇼핑을 할 때, 특히 백화점에서 필요한 독일어 단어를 정리했습니다.

 It's a completely new way to **learn foreign language vocabulary** fast and easy.

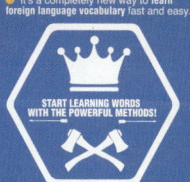

Part 5
테마 생활단어
독일어 테마 생활단어

P5

꼭 필요한 동사 5개!
독일어 동사는 인칭에 따라 어미를 변화시켜야 합니다.

---

p5-46-01 **sein**
[자인] ~이다   du bist / er ist

p5-46-02 **suchen**
[주헨] 찾다   du suchst / er sucht

p5-46-03 **kaufen**
[카우펜] 사다   du kaufst / er kauft

p5-46-04 **einkaufen**
[아인카우펜] 구입하다 (분리동사)   du kaufst ein / er kauft ein

p5-46-05 **bekommen**
[베콤멘] 받다   du bekommst / er bekommt

꼭 필요한 명사 10개!
독일어 명사는 정관사와 함께 기억해 주십시오.

p5-46-06	**das Kaufhaus** [카우프하우스] 백화점
p5-46-07	**der Kunde** [쿤데] 고객
p5-46-08	**die Information** [인포르마치온] 안내소
p5-46-09	**der Kosmetikartikel** [코스메틱아르티켈] 화장품
p5-46-10	**die Kleidung** [클라이둥] 옷
p5-46-11	**die Haushaltswaren** [하우스할츠바렌] 생활용품
p5-46-12	**die Juwelierwaren** [유벨리어바렌] 귀금속
p5-46-13	**die Spielwaren** [슈필바렌] 완구
p5-46-14	**der Elektroapparat** [엘렉트로아파라트] 전기제품
p5-46-15	**der Schlussverkauf** [슐루쓰페어카우프] 세일

Part 5

테마 생활단어
독일어 테마 생활단어

문장을 완성하는 도우미들!

p5-46-16 **wo**
[보] 어디

p5-46-17 **in der Nähe**
[인 데어 네에] 근처에

p5-46-18 **fürs Kind**
[퓌어스 킨트] 아이를 위한

p5-46-19 **mir**
[미어] 나에게

p5-46-20 **billig**
[빌리히] 싼

단어에서 회화 실력으로!

p5-46-21 **Wo ist ein Kaufhaus in der Nähe?**
[보 이스트 아인 카우프하우스 인 데어 네에?]
근처에 백화점은 어디에 있습니까?

p5-46-22 **Ich suche Spielwaren fürs Kind.**
[이히 주헤 슈필바렌 퓌어스 킨트.] 나는 아이를 위한 완구를 찾고 있습니다.

p5-46-23 **Er kauft mir den Kosmetikartikel.**
[에어 카우프트 미어 덴 코스메틱아르티켈.]
그는 나에게 화장품을 사줍니다.

p5-46-24 **Sie kauft die Haushaltswaren billig ein.**
[지 카우프트 디 하우스할츠바렌 빌리히 아인.]
그녀는 생활용품을 싸게 구입합니다.

Part 5

테마 생활단어
독일어 테마 생활단어

꼭 필요한 동사 5개!
독일어 동사는 인칭에 따라 어미를 변화시켜야 합니다.

p5-47-01 suchen
[주헨] 찾다 — du suchst / er sucht

p5-47-02 dürfen
[뒤르펜] 해도된다 — du darfst / er darf

p5-47-03 anprobieren
[안프로비어렌] 입어보다 (분리동사) — du probierst an / er probiert an

p5-47-04 dienen
[디넨] 봉사하다/근무하다 — du dienst / er dient

p5-47-05 gefallen
[게팔렌] 마음에 들다 — du gefällst / er gefällt

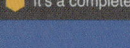

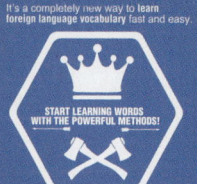

꼭 필요한 명사 10개!
독일어 명사는 정관사와 함께 기억해 주십시오.

p5-47-06	**der Herrenanzug** [헤렌안축] 남성복
p5-47-07	**der Damenanzug** [다멘안축] 여성복
p5-47-08	**die Kabine** [카비네] 탈의실
p5-47-09	**der Anzug** [안축] 슈트
p5-47-10	**der Rock** [로크] 치마
p5-47-11	**die Hose** [호제] 바지
p5-47-12	**das Hemd** [헴트] 셔츠
p5-47-13	**die Bluse** [블루제] 블라우스
p5-47-14	**die Unterwäsche** [운터베쉐] 속옷
p5-47-15	**die Schuhe** [슈에] 구두

Part 5
테마 생활단어
독일어 테마 생활단어

문장을 완성하는 도우미들!

p5-47-16 einmal
[아인말] 한 번

p5-47-17 mir
[미어] 나에게

p5-47-18 sehr
[제어] 매우

p5-47-19 gut
[굿] 좋은

p5-47-20 nicht
[니히트] 아니다

단어에서 회화 실력으로!

p5-47-21 Ich suche ein Hemd.
[이히 주헤 아인 헴트.] 나는 셔츠를 찾고 있습니다.

p5-47-22 Darf ich einmal den Anzug anprobieren?
[다르프 이히 아인말 덴 안추크 안프로비어렌?]
제가 그 슈트를 입어봐도 되겠습니까?

p5-47-23 Die Bluse gefällt mir sehr gut.
[디 블루제 게펠트 미어 제어 굿.] 그 블라우스가 매우 마음에 듭니다.

p5-47-24 Die Hose gefällt mir nicht.
[디 호제 게펠트 미어 니히트.] 그 바지는 내 마음에 들지 않습니다.

Learn foreign language vocabulary
GERMAN

48. 쇼핑할 때 필요한 독일어 단어! (가전매장)

쇼핑을 할 때, 특히 가전매장에서 필요한 독일어 단어를 정리했습니다.

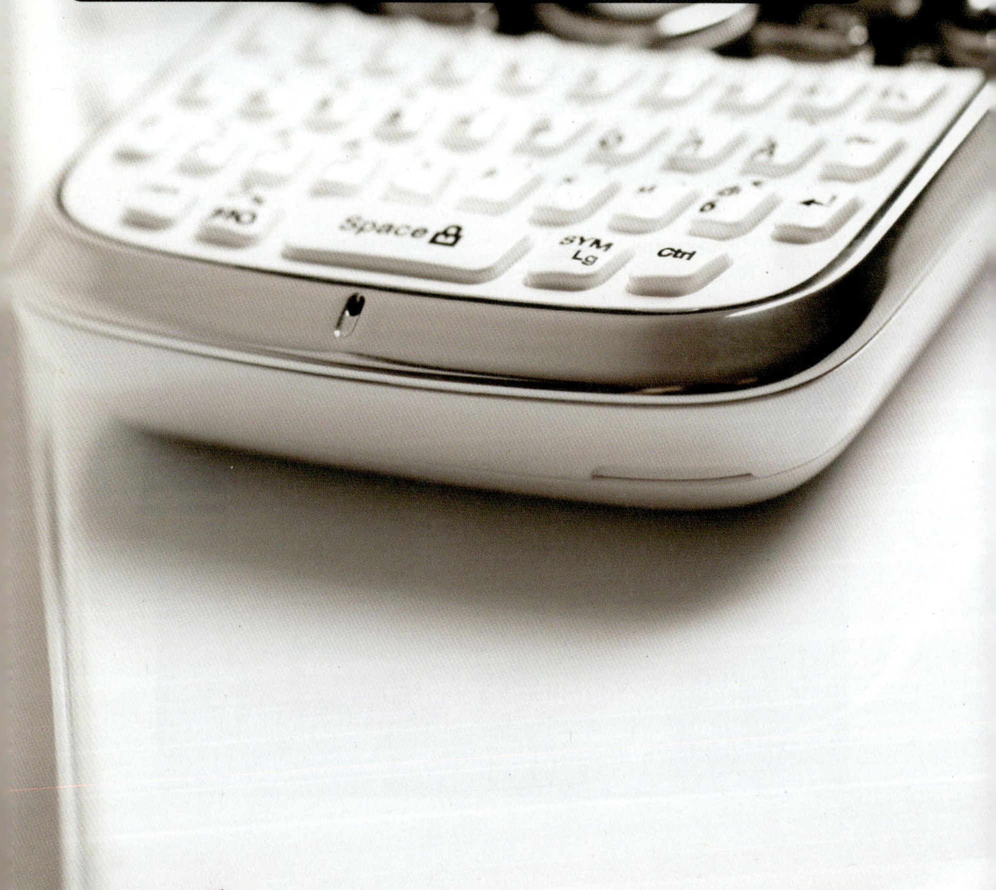

Part 5

테마 생활단어
독일어 테마 생활단어

꼭 필요한 동사 5개!
독일어 동사는 인칭에 따라 어미를 변화시켜야 합니다.

p5-48-01
suchen
[주헨] 찾다
du suchst / er sucht

p5-48-02
kosten
[코스텐] 값이 되다
du kostest / er kostet

p5-48-03
sein
[자인] ~이다
du bist / er ist

p5-48-04
haben
[하벤] 가지다
du hast / er hat

p5-48-05
ermäßigen
[에메씨겐] 할인하다
du ermäßigst / er ermäßigt

It's a completely new way to **learn foreign language vocabulary** fast and easy.

Learn foreign language vocabulary
GERMAN

꼭 필요한 명사 10개!
독일어 명사는 정관사와 함께 기억해 주십시오.

p5-48-06 **der Elektroapparat**
[엘렉트로압파라트] 전기제품

p5-48-07 **der Fernseher**
[페른제어] 텔레비전

p5-48-08 **der Kühlschrank**
[퀼슈랑크] 냉장고

p5-48-09 **der Mikrowellenherd**
[미크로벨렌헤르트] 전자레인지

p5-48-10 **der Staubsauger**
[슈탑자우거] 진공청소기

p5-48-11 **der Computer**
[콤퓨터] 컴퓨터

p5-48-12 **die Waschmaschine**
[바쉐마쉬네] 세탁기

p5-48-13 **die Spülmaschine**
[쉬퓔마쉬네] 세척기

p5-48-14 **die Klimaanlage**
[클리마안라게] 에어컨

p5-48-15 **der Windflügel**
[빈트플뤼겔] 선풍기

Part 5

테마 생활단어
독일어 테마 생활단어

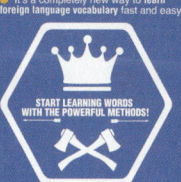

문장을 완성하는 도우미들!

p5-48-16	**was** [바스] 무엇
p5-48-17	**mir** [미어] 나에게
p5-48-18	**zu** [추] ~에게
p5-48-19	**teuer** [토이어] 비싼
p5-48-20	**etwas Billigeres** [에트바스 빌리거레스] 좀 더 싼 것

단어에서 회화 실력으로!

p5-48-21 Er sucht einen Kühlschrank.
[에어 주흐트 아이넨 퀼슈랑크] 그는 냉장고를 찾고 있습니다.

p5-48-22 Was kostet der Fernseher?
[바스 코스테트 데어 페른제어?] TV는 얼마입니까?

p5-48-23 Es ist mir zu teuer.
[에스 이스트 미어 추 토이어] 이것은 나에게 너무 비쌉니다.

p5-48-24 Haben Sie etwas Billigeres?
[하벤 지 에트바스 빌리거레스?] 더 싼 것이 있습니까?

49. 쇼핑할 때 필요한 독일어 단어! (슈퍼마켓)

쇼핑을 할 때, 특히 슈퍼마켓에서 필요한 독일어 단어를 정리했습니다.

Part 5

테마 생활단어
독일어 테마 생활단어

꼭 필요한 동사 5개!
독일어 동사는 인칭에 따라 어미를 변화시켜야 합니다.

p5-49-01 einkaufen
[아인카우펜] 구입하다 (분리동사)
du kaufst ein / er kauft ein

p5-49-02 nehmen
[네멘] 취하다
du nimmst / er nimmt

p5-49-03 brauchen
[브라우헨] 필요로 하다
du brauchst / er braucht

p5-49-04 kosten
[코스텐] 값이 나가다
du kostest / er kostet

p5-49-05 verkaufen
[페어카우펜] 판매하다
du verkaufst / er verkauft

It's a completely new way to **learn foreign language vocabulary** fast and easy.

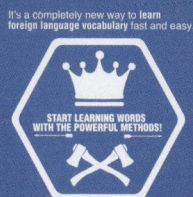

꼭 필요한 명사 10개!
독일어 명사는 정관사와 함께 기억해 주십시오.

p5-49-06 **der Supermarkt**
[주퍼마르크트] 슈퍼마켓

p5-49-07 **der Einkaufswagen**
[아인카웁스바겐] 쇼핑카트

p5-49-08 **die Lebensmittel**
[레벤스미텔] 식료품

p5-49-09 **das Getränk**
[게트렝크] 음료

p5-49-10 **das Obst**
[옵스트] 과일

p5-49-11 **das Gemüse**
[게뮈제] 야채

p5-49-12 **das Fleisch**
[플라이쉬] 고기

p5-49-13 **der Fisch**
[피쉬] 생선

p5-49-14 **das Angebot**
[안게보트] 제공품

p5-49-15 **die Kasse**
[카쎄] 계산대

It's a completely new way to **learn foreign language vocabulary** fast and easy.

Part 5
테마 생활단어
독일어 테마 생활단어

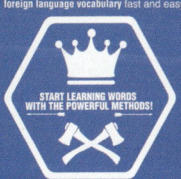

문장을 완성하는 도우미들!

p5-49-16 **noch**
[노흐] 더/아직

p5-49-17 **was**
[바스] 무엇

p5-49-18 **alles**
[알레스] 모두

p5-49-19 **zusammen**
[추잠멘] 함께

단어에서 회화 실력으로!

p5-49-20 **Ich kaufe Lebensmittel ein.**
[이히 카우페 레벤스미텔 아인.] 나는 식료품을 구입합니다.

p5-49-21 **Ich nehme das Fleisch.**
[이히 네메 다스 플라이쉬.] 나는 고기를 가집니다.

p5-49-22 **Er braucht noch den Fisch.**
[에어 브라우흐트 노흐 덴 피쉬.] 그는 생선을 더 필요로 합니다.

p5-49-23 **Was kostet das Getränk?**
[바스 코스테트 다스 게트렝크?] 음료는 얼마입니까?

p5-49-24 **Was kostet das alles zusammen?**
[바스 코스테트 다스 알레스 추잠멘?] 그것 전부 얼마입니까?

Part 5
테마 생활단어
독일어 테마 생활단어

꼭 필요한 동사 5개!
독일어 동사는 인칭에 따라 어미를 변화시켜야 합니다.

p5-50-01
haben
[하벤] 가지다　　du hast / er hat

p5-50-02
brauchen
[브라우헨] 필요로 하다　　du brauchst / er braucht

p5-50-03
verkaufen
[페어카우펜] 판매하다　　du verkaufst / er verkauft

p5-50-04
einkaufen
[아인카우펜] 구입하다 (분리동사)　　du kaufst ein / er kauft ein

p5-50-05
nehmen
[네멘] 취하다　　du nimmst / er nimmt

It's a completely new way to **learn foreign language vocabulary** fast and easy.

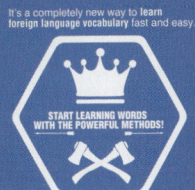

꼭 필요한 명사 10개!
독일어 명사는 정관사와 함께 기억해 주십시오.

p5-50-06 **der Chinakohl** [히나콜] 배추	p5-50-07 **der Rettich** [레티히] 무
p5-50-08 **die Kartoffel** [카르토펠] 감자	p5-50-09 **die Karotte** [카로테] 당근
p5-50-10 **die Zwiebel** [츠비벨] 양파	p5-50-11 **die Bohne** [보네] 콩
p5-50-12 **der Apfel** [압펠] 사과	p5-50-13 **die Birne** [비르네] 배
p5-50-14 **die Traube** [트라우베] 포도	p5-50-15 **die Wassermelone** [바쎄멜로네] 수박

Part 5

테마 생활단어
독일어 테마 생활단어

문장을 완성하는 도우미들!

p5-50-16 zu Hause
[추 하우제] 집에

p5-50-17 kein
[카인] 아니다

p5-50-18 noch
[노흐] 더/아직

단어에서 회화 실력으로!

p5-50-19 Ich habe zu Hause keinen Chinakohl.
[이히 하베 추 하우제 카이넨 히나콜] 나는 집에 배추가 없습니다.

p5-50-20 Sie braucht noch Birnen.
[지 브라우흐트 노흐 비르넨] 그녀는 배가 더 필요합니다.

p5-50-21 Was brauchst du noch?
[바스 브라우흐스트 두 노흐] 너는 뭐가 더 필요하니?

p5-50-22 Er verkauft die Kartoffel.
[에어 페어카우프트 디 카르토펠] 그는 감자를 판매합니다.

It's a completely new way to **learn foreign language vocabulary** fast and easy.

Learn
foreign language
vocabulary
GERMAN

51. 공공기관에서 필요한 독일어 단어! (구청)
공공기관, 특히 구청에서 필요한 독일어 단어를 정리했습니다.

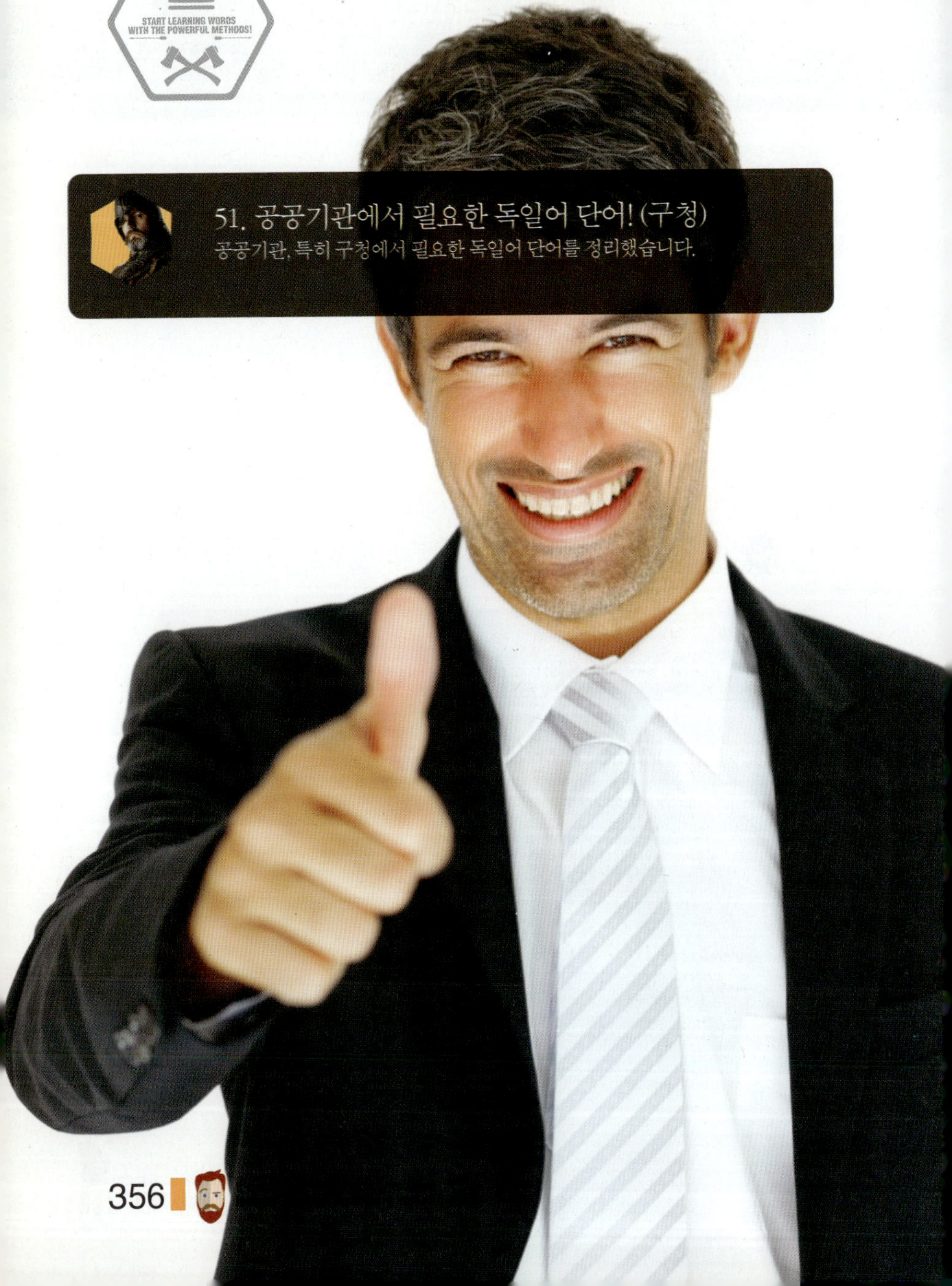

Part 5

테마 생활단어
독일어 테마 생활단어

 꼭 필요한 동사 5개!
독일어 동사는 인칭에 따라 어미를 변화시켜야 합니다.

p5-51-01 sich anmelden
[지히 안멜덴] 전입신고하다 (재귀/분리동사) du meldest an / er meldet an

p5-51-02 sich abmelden
[지히 압멜덴] 전출신고하다 (재귀/분리동사) du meldest ab / er meldet ab

p5-51-03 sich ummelden
[지히 움멜덴] 전출입신고하다 (재귀/분리동사) du meldest um / er meldet um

p5-51-04 ausfüllen
[아우스퓔렌] 기입하다 (분리동사) du füllst aus / er füllt aus

p5-51-05 unterschreiben
[운터슈라이벤] 서명하다 du unterschreibst / er unterschreibt

꼭 필요한 명사 10개!
독일어 명사는 정관사와 함께 기억해 주십시오.

p5-51-06 **das Amt**
[암트] 관청

p5-51-07 **das Rathaus**
[라트하우스] 시청

p5-51-08 **das Meldeamt**
[멜데암트] 주민등록과/호적계

p5-51-09 **der Beamte**
[베암테] 공무원

p5-51-10 **das Einwohnermeldeamt**
[아인보너멜데암트] 주민등록과

p5-51-11 **das Anmeldeformular**
[안멜데포르물라] 신고용지

p5-51-12 **die Anmeldung**
[안멜둥] 신고등록

p5-51-13 **die Abmeldung**
[압멜둥] 퇴거신고

p5-51-14 **die Ummeldung**
[움멜둥] 변경신고

p5-51-15 **die Unterschrift**
[운터슈리프트] 서명

Part 5
테마 생활단어
독일어 테마 생활단어

문장을 완성하는 도우미들!

p5-51-16 sich
[지히] 자신에 (재귀대명사)

p5-51-17 im
[임] in dem 그 안에

p5-51-18 hier
[히어] 여기에

단어에서 회화 실력으로!

p5-51-19 Sie meldet sich im Einwohnermeldeamt an.
[지 멜데트 지히 임 아인보너멜데암트 안.]
그녀는 주민등록과에 전입신고를 합니다.

p5-51-20 Kann ich ein Anmeldeformular haben?
[칸 이히 아인 안멜데포르물라 하벤?] 신고용지를 얻을 수 있습니까?

p5-51-21 Er füllt das Anmeldeformular aus.
[에어 퓔트 다스 안멜데포르물라 아우스.] 그는 신고용지를 기입합니다.

p5-51-22 Bitte, unterschreiben Sie hier!
[비테, 운터슈라이벤 지 히어!] 여기에 서명해주십시오.

Part 5

테마 생활단어
독일어 테마 생활단어

꼭 필요한 동사 5개!
독일어 동사는 인칭에 따라 어미를 변화시켜야 합니다.

senden
[젠덴] 보내다 — du sendest / er sendet

schicken
[쉬켄] 보내다 — du schickst / er schickt

bekommen
[베콤멘] 받다 — du bekommst / er bekommt

erhalten
[에어할텐] 받다 — du erhältst / er erhält

bezahlen
[베찰렌] 지불하다 — du bezahlst / er bezahlt

It's a completely new way to **learn foreign language vocabulary** fast and easy.

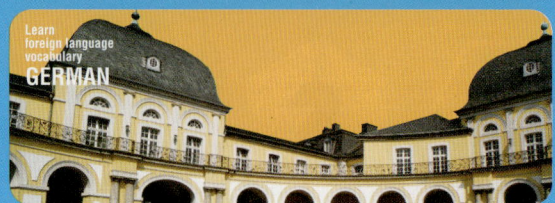

꼭 필요한 명사 10개!
독일어 명사는 정관사와 함께 기억해 주십시오.

p5-52-06	**die Post** [포스트] 우편
p5-52-07	**das Postamt** [포스트암트] 우체국
p5-52-08	**das Paket** [파케트] 소포
p5-52-09	**der Karton** [카르통] 소포용상자
p5-52-10	**der Paketschalter** [파케트샬터] 소포접수창구
p5-52-11	**die Adresse** [아드레쎄] 주소
p5-52-12	**der Absender** [압젠더] 발신자
p5-52-13	**der Empfänger** [엠펭어] 수신자
p5-52-14	**der Brief** [브리프] 편지
p5-52-15	**der Briefträger** [브리프트레거] 우체부

Part 5
테마 생활단어
독일어 테마 생활단어

문장을 완성하는 도우미들!

p5-52-16 **zur**
[추어] zu der ~로

p5-52-17 **ein**
[아인] 하나의 (부정관사)

p5-52-18 **mit Luftpost**
[밋 루프트포스트] 항공편으로

p5-52-19 **per Schiff**
[페어 쉬프] 선편으로

p5-52-20 **aus**
[아우스] ~으로부터

p5-52-21 **mit Eilpost**
[밋 아일포스트] 속달로

단어에서 회화 실력으로!

p5-52-22 **Sie geht zur Post.**
[지 게트 추어 포스트] 그녀는 우체국에 갑니다.

p5-52-23 **Er sendet einen Brief.**
[에어 젠데트 아이넨 브리프] 그는 편지를 보냅니다.

p5-52-24 **Er bekommt Post aus Deutschland.**
[에어 베콤트 아인 아우스 도이취란트]
그는 독일로부터 우편물을 받습니다.

p5-52-25 **Ich sende das Paket mit Luftpost nach Korea.**
[이히 젠데 다스 파케트 밋 루프트포스트 나흐 코리아]
나는 소포를 항공우편으로 한국에 보냅니다.

It's a completely new way to **learn foreign language vocabulary** fast and easy.

Learn foreign language vocabulary
GERMAN

53. 공공기관에서 필요한 독일어 단어! (경찰서)

공공기관, 특히 경찰서에서 필요한 독일어 단어를 정리했습니다.

Part 5
테마 생활단어
독일어 테마 생활단어

꼭 필요한 동사 5개!
독일어 동사는 인칭에 따라 어미를 변화시켜야 합니다.

p5-53-01
melden
[멜덴] 신고하다
du meldest / er meldet

p5-53-02
verlieren
[페어리어렌] 잃다
du verlierst / er verliert

p5-53-03
stehlen
[슈텔렌] 훔치다
du stiehlst / er stiehlt

p5-53-04
töten
[퇴텐] 죽이다
du tötest / er tötet

p5-53-05
verhaften
[페어하프텐] 체포하다
du verhaftest / er verhaftet

It's a completely new way to **learn foreign language vocabulary** fast and easy.

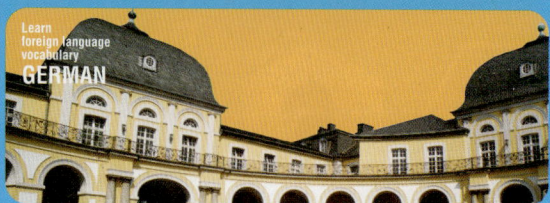

Learn foreign language vocabulary
GERMAN

꼭 필요한 명사 10개!
독일어 명사는 정관사와 함께 기억해 주십시오.

p5-53-06 — **die Polizei** [폴리차이] 경찰

p5-53-07 — **der Polizist** [폴리치스트] 경찰관

p5-53-08 — **der Verkehrspolizist** [페어케어스폴리치스트] 교통경찰관

p5-53-09 — **die Verkehrskontrolle** [페어케어스콘트롤레] 교통정리

p5-53-10 — **der Kriminalbeamte** [크리미날베암테] 형사

p5-53-11 — **der Polizeiwagen** [폴리차이바겐] 경찰차

p5-53-12 — **der Dieb** [디프] 도둑

p5-53-13 — **der Mörder** [뫼르더] 살인자

p5-53-14 — **der Geldbeutel** [겔트보이텔] 지갑

p5-53-15 — **das Opfer** [오퍼] 피해자

Part 5

테마 생활단어
독일어 테마 생활단어

문장을 완성하는 도우미들!

p5-53-16 bei
[바이] 곁에/~에

p5-53-17 hier
[히어] 여기에

p5-53-18 in der Nähe
[인 데어 네에] 근처에/가까이

단어에서 회화 실력으로!

p5-53-19 Er meldet bei der Polizei.
[에어 멜데트 바이 데어 폴리차이.] 그는 경찰에 신고합니다.

p5-53-20 Ist hier in der Nähe eine Polizei?
[이스트 히어 인 데어 네에 아이네 폴리차이?]
여기 근처에 경찰서가 있습니까?

p5-53-21 Der Dieb stiehlt den Geldbeutel.
[데어 디프 슈틸트 덴 겔트보이텔.] 도둑이 지갑을 훔칩니다.

p5-53-22 Die Polizei verhaftet den Mörder.
[디 폴리차이 페어하프테트 덴 뫼르더.] 경찰이 살인자를 체포합니다.

54. 편의시설에서 필요한 독일어 단어! (은행)

편의시설, 특히 은행에서 필요한 독일어 단어를 정리했습니다.

Start learning a language with the **powerful methods!**

Part 5
테마 생활단어
독일어 테마 생활단어

 꼭 필요한 동사 5개!
독일어 동사는 인칭에 따라 어미를 변화시켜야 합니다.

---

p5-54-01
einzahlen
[아인찰렌] 입금하다 (분리동사)   du zahlst ein / er zahlt ein

p5-54-02
abheben
[압헤벤] 출금하다 (분리동사)   du hebst ab / er hebt ab

p5-54-03
überweisen
[위버바이젠] 이체하다   du überweist / er überweist

p5-54-04
eröffnen
[에어외프넨] 개설하다   du eröffnest / er eröffnet

p5-54-05
sparen
[슈파렌] 저축하다   du sparst / er spart

꼭 필요한 명사 10개!
독일어 명사는 정관사와 함께 기억해 주십시오.

| p5-54-06 | **die Bank** [방크] 은행 | p5-54-07 | **das Geld** [겔트] 돈 |

| p5-54-08 | **das Bargeld** [바겔트] 현금 | p5-54-09 | **der Geldautomaten** [겔트아우토마텐] 현금자동입출금기 |

| p5-54-10 | **die Münze** [뮌체] 동전 | p5-54-11 | **der Geldschein** [겔트샤인] 지폐 |

| p5-54-12 | **das Konto** [콘토] 계좌 | p5-54-13 | **die Kontonummer** [콘토눔머] 계좌번호 |

| p5-54-14 | **der Kontostand** [콘토슈탄트] 계좌잔고 | p5-54-15 | **die Kreditkarte** [크레디트카르테] 신용카드 |

Part 5

테마 생활단어
독일어 테마 생활단어

문장을 완성하는 도우미들!

p5-54-16 zur
[추어] zu der ~로

p5-54-17 ein
[아인] 하나의 (부정관사)

p5-54-18 am
[암] an dem ~에

p5-54-19 auf
[아우프] ~에 / 위로

단어에서 회화 실력으로!

p5-54-20 Ich gehe zur Bank.
[이히 게어 추어 방크] 나는 은행에 갑니다.

p5-54-21 Er eröffnet ein Konto.
[에어 에어외프네트 아인 콘토] 그는 계좌를 개설합니다.

p5-54-22 Er zahlt Geld auf Konto ein.
[에어 찰트 겔트 아우프 콘토 아인] 그는 돈을 계좌에 입금합니다.

p5-54-23 Sie hebt am Geldautomaten Geld ab.
[지 헵트 암 겔트아우토마텐 겔트 압]
그녀는 현금자동입출금기에서 돈을 인출합니다.

p5-54-24 Kann ich Geld überweisen?
[칸 이히 겔트 위버바이젠?] 돈을 이체할 수 있습니까?

55. 편의시설에서 필요한 독일어 단어! (병원)

편의시설, 특히 병원에서 필요한 독일어 단어를 정리했습니다.

Start learning a language with the **powerful methods!**

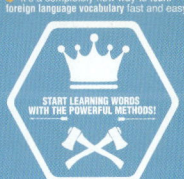 

Part 5
테마 생활단어
독일어 테마 생활단어

꼭 필요한 동사 5개!
독일어 동사는 인칭에 따라 어미를 변화시켜야 합니다.

p5-55-01
haben
[하벤] 가지다
du hast / er hat

p5-55-02
schmerzen
[슈메르첸] 아프다
du schmerzt / er schmerzt

p5-55-03
untersuchen
[운터주헨] 진찰하다
du untersuchst / er untersucht

p5-55-04
pflegen
[플레겐] 간호하다
du pflegst / er pflegt

p5-55-05
zeigen
[차이겐] 보여주다
du zeigst / er zeigt

꼭 필요한 명사 10개!
독일어 명사는 정관사와 함께 기억해 주십시오.

p5-55-06	**das Krankenhaus** [크랑켄하우스] 병원
p5-55-07	**der Arzt** [아르츠트] 의사
p5-55-08	**die Krankenschwester** [크랑켄슈베스터] 간호사
p5-55-09	**der Krankenpfleger** [크랑켄플레거] 간병인
p5-55-10	**der Patient** [파티엔트] 환자
p5-55-11	**der Schmerz** [슈메르츠] 통증
p5-55-12	**die Krankheit** [크랑크하이트] 질병
p5-55-13	**die Wunde** [분데] 상처
p5-55-14	**die Krankenkasse** [크랑켄카쎄] 의료보험
p5-55-15	**der Krankenschein** [크랑켄샤인] 진단서

Part 5
테마 생활단어
독일어 테마 생활단어

문장을 완성하는 도우미들!

p5-55-16 ein
[아인] 하나의

p5-55-17 mich
[미히] 나를

단어에서 회화 실력으로!

p5-55-18 Ich habe Schmerzen.
[이히 하베 슈메르첸] 나는 통증이 있습니다.

p5-55-19 Die Wunde schmerzt.
[디 분데 쉬메르츠트] 상처가 아픕니다.

p5-55-20 Sie pflegt einen Patient.
[지 플렉트 아이넨 파티엔트] 그녀는 환자를 돌봅니다.

p5-55-21 Der Arzt untersucht mich.
[데어 아르츠트 운터주흐트 미히] 의사는 나를 진찰합니다.

Part 5
테마 생활단어
독일어 테마 생활단어

꼭 필요한 동사 5개!
독일어 동사는 인칭에 따라 어미를 변화시켜야 합니다.

p5-56-01 haben
[하벤] 가지다 du hast / er hat

p5-56-02 sich verletzen
[지히 페어레츠텐] 부상당하다 du verletzt / er verletzt

p5-56-03 liegen
[리겐] 놓다 du liegst / er liegt

p5-56-04 einliefern
[아인리퍼른] 이송하다 (분리동사) du lieferst ein / er liefert ein

p5-56-05 entlassen
[엔트라쎈] 퇴원하다 du entläßt / er entläßt

It's a completely new way to **learn foreign language vocabulary** fast and easy.

Learn foreign language vocabulary
GERMAN

꼭 필요한 명사 10개!
독일어 명사는 정관사와 함께 기억해 주십시오.

p5-56-06 **der Patient**
[파티엔트] 환자

p5-56-07 **der Verletzte**
[페어레츠테] 부상자

p5-56-08 **der Unfall**
[운팔] 사고

p5-56-09 **der Krankenwagen**
[크랑켄바겐] 구급차

p5-56-10 **das Symptom**
[짐톰] 증상

p5-56-11 **die Vergiftung**
[페어기프퉁] 중독

p5-56-12 **die Operation**
[오페라치온] 수술

p5-56-13 **die Besserung**
[베써룽] 회복

p5-56-14 **die Entlassung**
[엔트라쏭] 퇴원

p5-56-15 **das Rezept**
[레쳅트] 처방전

Part 5
테마 생활단어
독일어 테마 생활단어

문장을 완성하는 도우미들!

p5-56-16 sofort
[조포르트] 곧 / 즉시

p5-56-17 ins
[인스] in das 안으로

p5-56-18 gut
[굿] 좋은

단어에서 회화 실력으로!

p5-56-19 Er liefert den Verletzten sofort ins Krankenhaus.
[에어 리퍼트 덴 페어레츠텐 조포르트 인스 크랑켄하우스]
그는 부상자를 즉시 병원으로 이송합니다.

p5-56-20 Er liegt im Krankenhaus.
[에어 리익트 임 크랑켄하우스] 그는 병원에 입원합니다.

p5-56-21 Gute Besserung!
[구테 베써룽!] 쾌차하세요!

p5-56-22 Kann ich ein Rezept haben?
[칸 이히 아인 레쩹트 하벤?] 처방전을 받을 수 있습니까?

57. 편의시설에서 필요한 독일어 단어! (약국)
편의시설, 특히 약국에서 필요한 독일어 단어를 정리했습니다.

Part 5
테마 생활단어
독일어 테마 생활단어

꼭 필요한 동사 5개!
독일어 동사는 인칭에 따라 어미를 변화시켜야 합니다.

---

p5-57-01
aussehen
[아우스제엔] ~처럼 보이다 (분리동사) **du siehst aus / er sieht aus**

p5-57-02
sich fühlen
[지히 퓔렌] 기분을 느끼다 (재귀동사) **du fühlst / er fühlt**

p5-57-03
haben
[하벤] 가지다 **du hast / er hat**

p5-57-04
nehmen
[네멘] 먹다 **du nimmst / er nimmt**

p5-57-05
trinken
[트링켄] 마시다 **du trinkst / er trinkt**

꼭 필요한 명사 10개!

독일어 명사는 정관사와 함께 기억해 주십시오.

p5-57-06 die Apotheke
[아포테케] 약국

p5-57-07 der Apotheker
[아포테커] 약사

p5-57-08 das Medikament
[메디카멘트] 약품

p5-57-09 das Mittel
[미텔] 약

p5-57-10 die Tablette
[타블레테] 알약

p5-57-11 das Pulver
[풀버] 가루약

p5-57-12 der Husten
[후스텐] 기침

p5-57-13 das Fieber
[피버] 열

p5-57-14 das Halsweh
[할스베] 인후통

p5-57-15 der Kopfschmerz
[코프슈메르츠] 두통

Part 5

테마 생활단어
독일어 테마 생활단어

문장을 완성하는 도우미들!

p5-57-16 krank
[크랑크] 아픈

p5-57-17 mich
[미히] 나 자신을 (재귀대명사)

p5-57-18 nicht
[니히트] 아니다

p5-57-19 wohl
[볼] 좋은

p5-57-20 dreimal
[드라이말] 세 번

p5-57-21 am Tag
[암 탁] 낮에

단어에서 회화 실력으로!

p5-57-22 Du siehst krank aus.
[두 지스트 크랑크 아우스] 너 아파 보인다.

p5-57-23 Ich fühle mich nicht wohl.
[이히 퓔레 미히 니히트 볼] 나는 기분이 좋지 않습니다.

p5-57-24 Sie hat Fieber.
[지 하트 피버] 그녀는 열이 있습니다.

p5-57-25 Er nimmt dreimal am Tag eine Tablette.
[에어 님트 드라이말 암 탁 아이네 타블레테] 그는 하루에 세 번 알약 하나를 먹습니다.

Part 5

테마 생활단어
독일어 테마 생활단어

꼭 필요한 동사 5개!
독일어 동사는 인칭에 따라 어미를 변화시켜야 합니다.

p5-58-01 **gehen**
[게엔] 가다   du gehst / er geht

p5-58-02 **laufen**
[라우펜] 상영하다   du läufst / er läuft

p5-58-03 **kosten**
[코스텐] 비용이 들다   du kostest / er kostet

p5-58-04 **kaufen**
[카우펜] 사다   du kaufst / er kauft

p5-58-05 **beginnen**
[베긴넨] 시작하다   du beginnst / er beginnt

꼭 필요한 명사 10개!
독일어 명사는 정관사와 함께 기억해 주십시오.

p5-58-06	**das Kino** [키노] 영화관
p5-58-07	**die Kinokarte** [키노카르테] 극장표
p5-58-08	**die Kinokasse** [키노카쎄] 매표소
p5-58-09	**die Eintrittskarte** [아인트리츠카르테] 입장권
p5-58-10	**die Leinwand** [라인반트] 스크린
p5-58-11	**die Sitzreihe** [지츠라이에] 좌석 열
p5-58-12	**der Science Fiction Film** [사이언스 픽션 필름] 공상과학영화
p5-58-13	**der Kriminalfilm** [크리미날필름] 범죄영화
p5-58-14	**der Kriegsfilm** [크릭스필름] 전쟁영화
p5-58-15	**der Actionfilm** [엑션필름] 액션영화

Part 5

테마 생활단어
독일어 테마 생활단어

문장을 완성하는 도우미들!

p5-58-16 morgen
[모르겐] 내일

p5-58-17 abends
[아벤츠] 저녁에

p5-58-18 ins
[인스] in das 안으로

p5-58-19 tragisch
[트라기쉬] 비극적인

p5-58-20 komisch
[코미쉬] 희극적인

p5-58-21 heute
[호이테] 오늘

단어에서 회화 실력으로!

p5-58-22 Er geht morgen abends ins Kino.
[에어 게트 모르겐 아벤츠 인스 키노] 그는 내일 저녁에 영화관으로 갑니다.

p5-58-23 Was kostet die Eintrittskarte?
[바스 코스테트 디 아인트리츠카르테?] 입장료는 얼마입니까?

p5-58-24 Wann beginnt der Film?
[반 베긴트 데어 필름?] 영화는 언제 시작합니까?

p5-58-25 Welcher Film läuft heute im Kino?
[벨허 필름 로이프트 호이테 임 키노?] 어떤 영화가 오늘 영화관에서 상영됩니까?

Learn foreign language vocabulary
GERMAN

59. 편의시설에서 필요한 독일어 단어! (콘서트)

편의시설, 특히 콘서트와 관련된 독일어 단어를 정리했습니다.

Part 5

테마 생활단어
독일어 테마 생활단어

 꼭 필요한 동사 5개!
독일어 동사는 인칭에 따라 어미를 변화시켜야 합니다.

p5-59-01
hören
[회렌] 듣다
du hörst / er hört

p5-59-02
mögen
[뫼겐] 좋아하다
du magst / er mag

p5-59-03
spielen
[슈필렌] 연주하다
du spielst / er spielt

p5-59-04
singen
[징엔] 노래하다
du singst / er singt

p5-59-05
üben
[위벤] 연습하다
du übst / er übt

꼭 필요한 명사 10개!
독일어 명사는 정관사와 함께 기억해 주십시오.

p5-59-06	**das Konzert** [콘체르트] 음악회
p5-59-07	**die Musik** [무직] 음악
p5-59-08	**die Oper** [오퍼] 오페라
p5-59-09	**das Theater** [테아터] 극장
p5-59-10	**das Orchester** [오케스터] 오케스트라
p5-59-11	**die Bühne** [뷔네] 무대
p5-59-12	**der Dirigent** [디리겐트] 지휘자
p5-59-13	**der Chor** [코어] 합창단
p5-59-14	**das Musikinstrument** [무직인스트루멘트] 악기
p5-59-15	**das Programmheft** [프로그람헤프트] 프로그램 팸플릿

Part 5
테마 생활단어
독일어 테마 생활단어

문장을 완성하는 도우미들!

p5-59-16 gern
[게른] 즐겨 / 기꺼이

p5-59-17 von
[폰] ~의/~로부터

p5-59-18 ein
[아인] 하나의 (부정관사)

p5-59-19 welcher
[벨허] 어떤

단어에서 회화 실력으로!

p5-59-20 Ich höre gern Musik.
[이히 회레 게른 무직] 나는 음악을 즐겨 듣습니다.

p5-59-21 Magst du Oper von Richard Wagner?
[막스트 두 오퍼 폰 리하르트 바그너?]
너 리하르트 바그너의 오페라를 좋아하니?

p5-59-22 Welche Musik hörst du gern?
[벨헤 무직 회르스트 두 게른?] 너는 어떤 음악을 즐겨 듣니?

p5-59-23 Spielst du ein Musikinstrument?
[슈필스트 두 아인 무직인스트루멘트?] 너 악기 다루니?

p5-59-24 Der Chor singt im Konzert.
[데어 코어 징트 임 콘체르트.] 합창단이 콘서트에서 노래합니다.

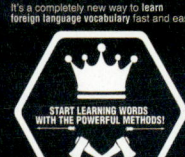

Learn
foreign language
vocabulary
GERMAN

60. 편의시설에서 필요한 독일어 단어! (미술관)
편의시설, 특히 미술관에서 필요한 독일어 단어를 정리했습니다.

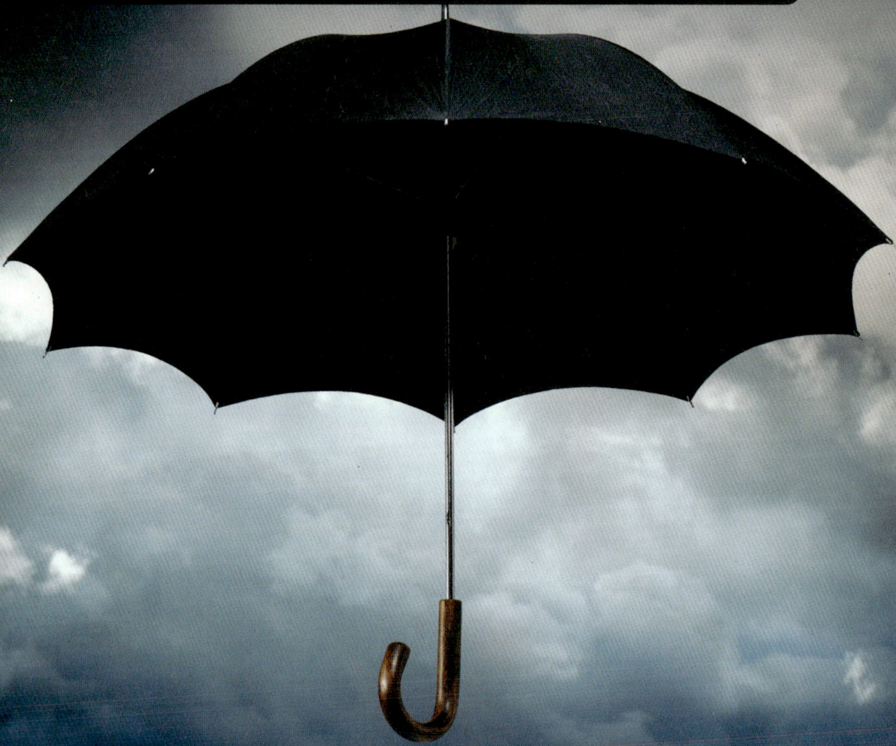

Part 5

테마 생활단어
독일어 테마 생활단어

꼭 필요한 동사 5개!
독일어 동사는 인칭에 따라 어미를 변화시켜야 합니다.

p5-60-01 malen
[말렌] 칠하다
du malst / er malt

p5-60-02 zeichnen
[차이히넨] 그리다
du zeichnest / er zeichnet

p5-60-03 ausstellen
[아우스슈텔렌] 전시하다 (분리동사)
du stellst aus / er stellt aus

p5-60-04 sammeln
[잠멜른] 수집하다
du sammelst / er sammelt

p5-60-05 porträtieren
[포르트레티어렌] 초상을 그리다
du porträtierst / er porträtiert

꼭 필요한 명사 10개!
독일어 명사는 정관사와 함께 기억해 주십시오.

p5-60-06 **das Museum** [무제움] 박물관

p5-60-07 **die Kunst** [쿤스트] 예술

p5-60-08 **das Kunstmuseum** [쿤스트무제움] 예술박물관

p5-60-09 **die Ausstellung** [아우스슈텔룽] 전시

p5-60-10 **der Künstler** [퀸스틀러] 예술가

p5-60-11 **der Maler** [말러] 화가

p5-60-12 **das Gemälde** [게멜데] 회화

p5-60-13 **die Skulptur** [스쿨프투어] 조각품

p5-60-14 **die Galerie** [갈레리] 화랑

p5-60-15 **die Auktion** [아욱치온] 경매 / 옥션

Part 5

테마 생활단어
독일어 테마 생활단어

문장을 완성하는 도우미들!

p5-60-16 wo
[보] 어디

p5-60-17 ein
[아인] 하나의 (부정관사)

p5-60-18 sich
[지히] 그 자신 (재귀대명사)

p5-60-19 selbst
[젤프스트] 자신의/자체의

p5-60-20 interessant
[인테레싼트] 흥미로운

단어에서 회화 실력으로!

p5-60-21 Wo ist das Kunstmuseum?
[보 이스트 다스 쿤스트무제움?] 예술박물관은 어디입니까?

p5-60-22 Er malt ein Gemälde.
[에어 말트 아인 게멜데.] 그는 회화를 그립니다.

p5-60-23 Er malt sich selbst.
[에어 말트 지히 젤프스트.] 그는 자화상을 그립니다.

p5-60-24 Sie sammelt viele interessanten Skulpturen.
[지 잠멜트 필레 인테레싼텐 스쿨프투어렌.]
그녀는 많은 흥미로운 조각품을 수집합니다.

p5-60-25 Er porträtiert seine Mutter.
[에어 포르트레티어트 자이네 무터.] 그는 그의 어머니 초상화를 그립니다.

395

부록 1. 핵심문법 간편정리

 ### 1. 독일어 인칭대명사

독일어 인칭대명사를 정리해 드리겠습니다.

독일어 인칭대명사 (단수형)

ich	wir
[이히] 나	[비어] 우리들
du	ihr
[두] 너	[이어] 너희들
er / sie / es	sie / Sie
[에어] 그 / [지] 그녀 / [에스] 그것	[지] 그들 / [지] 당신/당신들

❶ 인칭대명사 du [두] '너'는 친한 사이의 호칭입니다. 나이에 관계없이 친해지면 쓸 수 있고, 부모, 어른, 선생님테도 사용할 수 있습니다.
❷ 인칭대명사 sie 는 3가지가 있습니다. 단수형으로 쓰면 '그녀', 복수형으로 쓰면 '그(녀)들' 그리고 대문자로 쓰면 Sie 는 '당신'으로 du (너)의 존칭형입니다.
❸ 인칭대명사의 모양이 같더라도 다음에 오는 동사의 형태가 달라지기 때문에 서로 구분이 됩니다.

부록 1.
핵심문법 간편정리
독일어 핵심문법 간편정리

A

2. 독일어 sein 동사

독일어 **sein** [자인] (~이다) 동사를 정리해 드리겠습니다.

sein [자인] ~이다

ich bin ~ [이히 빈 ~] 나는 ~이다	**wir sind ~** [비어 진트 ~] 우리들은 ~이다
du bist ~ [두 비스트 ~] 너는 ~이다	**ihr seid ~** [이어 자이트 ~] 너희들은 ~이다
er / sie / es ist ~ [에어/지/에스 이스트 ~] 그/그녀/그것은 ~이다	**sie / Sie sind ~** [지 / 지 진트 ~] 그들/당신(당신들)은 ~이다

❶ 독일어 **sein** 동사는 영어의 **be** 동사에 해당합니다.
❷ **sein** 동사는 인칭에 따라 모양이 달라지는 불규칙 동사입니다.
❸ 암기를 하실 때는 인칭대명사와 함께 통째로 기억하는 것이 좋습니다.

It's a completely new way to **learn foreign language vocabulary** fast and easy.

3. 독일어 haben 동사

독일어 **haben** [하벤] (가지다) 동사를 정리해 드리겠습니다.

haben [하벤] ~가지고 있다

Ich habe [이히 하베 ~] 나는 ~가지고 있다	**wir haben** [비어 하벤 ~] 우리들은 ~가지고 있다
du hast [두 하스트 ~] 너는 ~가지고 있다	**ihr habt** [이어 합트 ~] 너희들은~가지고 있다
er / sie / es hat [에어/지/에스 하트 ~] 그/그녀/그것은~가지고 있다	**sie / Sie haben** [지 / 지 하벤~] 그들/당신(당신들)은 ~가지고 있다

❶ 독일어 **haben** 동사는 영어의 **have** 동사입니다.
❷ **haben** 동사는 인칭에 따라 모양이 달라지는 불규칙 동사이지만 입니다.
나름의 규칙성을 발견할 수 있습니다.
❸ 복수1/3인칭은 동사의 원형 그대로이고, 복수2인칭은 어근에 **-(e)t** 가 붙은 형태이고,
단수1인칭은 어근에 **-e** 가 붙는다는 것을 알 수 있습니다. 이런 패턴은 앞으로 여러분께서
친하게 지내시게 될 독일어 동사의 결정적인 속성 중에 하나가 됩니다. **haben > habt > habe**

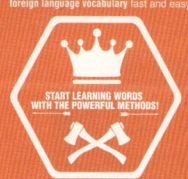

부록 1.
핵심문법 간편정리
독일어 핵심문법 간편정리

4. 독일어 werden 동사

독일어 **werden** [베르덴] (~되다) 동사를 정리해 드리겠습니다.

werden [베르덴] ~되다

ich werde ~ [이히 헤베 ~] 나는 ~된다	**wir werden ~** [비어 헤벤 ~] 우리들은 ~된다
du wirst ~ [두 하스트 ~] 너는 ~된다	**ihr werdet ~** [이어 합트 ~] 너희들은 ~된다
er / sie / es wird ~ [에어 / 지 / 에스 하트 ~] 그/그녀/그것은 ~된다	**sie / Sie werden ~** [지 /지 하벤] 그들/당신(당신들)은 ~된다

❶ 독일어 **werden** 동사는 인칭에 따라 모양이 달라지는 불규칙 동사이지만 나름의 규칙성을 발견할 수 있습니다.
❷ 복수1/3인칭은 동사의 원형 그대로이고, 복수2인칭은 어근에 **-(e)t** 가 붙은 형태이고, 단수1인칭은 어근에 **-e** 가 붙는다는 것을 알 수 있습니다.
❸ 이런 패턴은 앞으로 여러분과 친해질 독일어 동사의 결정적인 특징이 됩니다.
werden > werdet > werde (**werdet** 의 **e** 는 발음의 편의상 첨가된 경우입니다.)

5. 독일어 동사의 인칭변화

독일어 규칙동사의 인칭별 변화규칙을 정리해 드리겠습니다.

인칭	인칭어미	lernen (배우다)	gehen (가다)
ich 나	-e	lerne [레르네]	gehe [게에]
du 너	-st	lernst [레른스트]	gehst [게에스트]
er/sie/es 그/그녀/그것	-t	lernt [레른트]	geht [게에트]
wir 우리들	-en	lernen [레르넨]	gehen [게엔]
ihr 너희들	-t	lernt [레른트]	geht [게에트]
sie/Sie 그들/당신	-en	lernen [레르넨]	gehen [게엔]

❶ 독일어 동사는 인칭에 따라 어미변화를 합니다.
독일어 동사 전체에서 약 80%가 규칙동사입니다.
❷ 독일어 동사는 '어간+어미'로 되어 있습니다.
❸ 발음 편의상 어미 앞에 -e 가 첨가되기도 합니다.

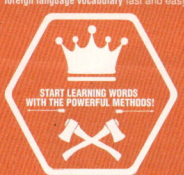

부록 1.
핵심문법 간편정리
독일어 핵심문법 간편정리

6. 독일어 화법조동사

독일어 화법조동사 6가지를 정리해 드리겠습니다.

독일어 화법조동사

	können	müssen	wollen
ich	kann	muss	will
du	kannst	musst	willst
er/sie/es	kann	muss	will
wir	können	müssen	wollen
ihr	könnt	müsst	wollt
sie/Sie	können	müssen	wollen

❶ 독일어 화법조동사에서 무엇보다도 중요한 점은 '어순'으로 영어가 '조동사 + 원형동사'의 순서라면 독일어는 원형동사가 문장의 맨 끝에 위치합니다. (동사후치)
Ich kann Deutsch sprechen. [이히 칸 도이취 슈프레헨] (나는 독일어를 말할 수 있다. : das Deutsch [도이취] 독일어, sprechen [슈프레헨] 말하다)
❷ können [켄넨]은 '~할 수 있다', 가능을 나타냅니다.
❸ müssen [뮈쎈]은 '~해야만 한다', 강제 또는 의무를 나타냅니다.
❹ wollen [볼렌]은 '~하려 한다', 의지를 나타냅니다.

403

It's a completely new way to **learn foreign language vocabulary** fast and easy.

독일어 화법조동사

	sollen	dürfen	mögen
ich	soll	darf	mag
du	sollst	darfst	magst
er/sie/es	soll	darf	mag
wir	sollen	dürfen	mögen
ihr	sollt	dürft	mögt
sie/Sie	sollen	dürfen	mögen

❶ **sollen** [졸렌]은 '~해야 한다', 도덕적 의무를 나타냅니다.
❷ **dürfen** [뒤르펜]은 '~해도 된다'라는 허가를 나타냅니다.
❸ **mögen** [뫼겐]은 '~을 좋아하다'는 뜻으로 기호를 나타냅니다.
❹ 독일어 화법조동사의 변화에 있어서 복수형은 간단합니다.
복수1인칭/3인칭/존칭이 동일하고, 복수2인칭은 '어근+t' 만 해주면 됩니다.
그리고 단수는 단수1인칭과 3인칭이 각각 같은 형태입니다.
여기에 -st 만 붙여주면 단수2인칭도 해결되는 것이죠.

부록 1.
핵심문법 간편정리
독일어 핵심문법 간편정리

7. 독일어 정관사

독일어 정관사 16가지를 정리해 드리겠습니다.

독일어 정관사

	단수			복수
	남성	여성	중성	
1격 ~는	der [데어]	die [디-]	das [다스]	die [디-]
2격 ~의	des [데스]	der [데어]	des [데스]	der [데어]
3격 ~에게	dem [뎀]	der [데어]	dem [뎀]	den [덴]
4격 ~를	den [덴]	die [디-]	das [다스]	die [디-]

❶ 독일어의 정관사는 뒤에 오는 명사가 문장 안에서 어떠한 역할을 하는지 정확하게 알려줍니다.
❷ 독일어의 정관사는 모두 16개입니다.
❸ 독일어의 정관사는 남성/여성/중성 그리고 복수형과 4가지 격에 따른 형태가 있습니다.

8. 독일어 부정관사

독일어 부정관사 12가지를 정리해 드리겠습니다.

독일어 부정관사

	남성	여성	중성
1격 ~는	ein [아인]	eine [아이네]	ein [아인]
2격 ~의	eines [아이네스]	einer [아이너]	eines [아이네스]
3격 ~에게	einem [아이넴]	einer [아이너]	einem [아이넴]
4격 ~를	einen [아이넨]	eine [아이네]	ein [아인]

❶ 독일어의 부정관사는 모두 12개입니다.
❷ 독일어의 부정관사는 남성/여성/중성과 격에 따라 형태가 다릅니다.
❸ 부정관사의 복수형은 없습니다.

부록 1.
핵심문법 간편정리
독일어 핵심문법 간편정리

9. 독일어 소유대명사

독일어 소유대명사를 정리해 드리겠습니다.

독일어 소유대명사

나의	mein [마인]	우리의	unser [운저]
너의	dein [다인]	너희들의	euer [오이어]
그/그것의	sein [자인]	그들의	ihr [이어]
그녀의	ihr [이어]	당신들의	Ihr [이어]

	남성	여성	중성	복수
1격 ~는	mein [마인]	meine [마이네]	mein [마인]	meine [마이네]
2격 ~의	meines [마이네스]	meiner [마이너]	meines [마이네스]	meiner [마이너]
3격 ~에게	meinem [마이넴]	meiner [마이너]	meinem [마이넴]	meinen [마이넨]
4격 ~를	meinen [마이넨]	meine [마이네]	mein [마인]	meine [마이네]

❶ 독일어의 소유대명사는 부정관사와 같은 격변화를 합니다.
❷ 단! 복수형에서는 정관사와 같이 변화합니다. (부정관사의 복수형은 없기 때문이죠.)
❸ 독일어의 부정관사표와 비교하시면 변화의 패턴을 익히실 수 있습니다.

10. 독일어 지시대명사

독일어 지시대명사를 정리해 드리겠습니다.

독일어 지시대명사

dieser	jener	solcher
[디제] 이것	[예네] 저것	[졸허] 그런 것

	단수			복수
	남성	여성	중성	
1격 ~는	dieser [디저]	diese [디제]	dieses [디제스]	diese [디제]
2격 ~의	dieses [디제스]	dieser [디저]	dieses [디제스]	dieser [디저]
3격 ~에게	diesem [디젬]	dieser [디저]	diesem [디젬]	diesen [디젠]
4격 ~를	deisen [디젠]	diese [디제]	dieses [디제스]	diese [디제]

❶ 독일어의 지시대명사는 정관사와 같은 격변화를 합니다. 어미가 동일하다는 뜻입니다.
❷ 독일어의 정관사 (der/die/das/die)는 지시대명사로도 쓰입니다.
이때는 앞에서 언급한 명사를 지시하는 역할을 합니다.

부록 2. 주요동사 변화형 정리

독일어 주요동사 변화형 정리

부록 2. 주요동사 변화형 정리!

sein
[자인] ~이다

ich	bin
du	bist
er	ist
wir	sind
ihr	seid
sie	sind

haben
[하벤] 가지고 있다

ich	habe
du	hast
er	hat
wir	haben
ihr	habt
sie	haben

werden
[베르덴] ~되다

ich	werde
du	wirst
er	wird
wir	werden
ihr	werdet
sie	werden

antworten
[안트보르텐] 대답하다

ich	antworte
du	antwortest
er	antwortet
wir	antworten
ihr	antwortet
sie	antworten

beginnen
[베긴넨] 시작하다

ich	beginne
du	beginnst
er	beginnt
wir	beginnen
ihr	beginnt
sie	beginnen

besuchen
[베주헨] 방문하다

ich	besuche
du	besuchst
er	besucht
wir	besuchen
ihr	besucht
sie	besuchen

bleiben
[블라이벤] 머물다

ich	bleibe
du	bleibst
er	bleibt
wir	bleiben
ihr	bleibt
sie	bleiben

danken
[당켄] 감사하다

ich	danke
du	dankst
er	dankt
wir	danken
ihr	dankt
sie	danken

denken
[뎅켄] 생각하다

ich	denke
du	denkst
er	denkt
wir	denken
ihr	denkt
sie	denken

essen
[에쎈] 먹다

ich	esse
du	isst
er	isst
wir	essen
ihr	esst
sie	essen

fahren
[파렌] 운전하다

ich	fahre
du	fährst
er	fährt
wir	fahren
ihr	fahrt
sie	fahren

finden
[핀덴] 찾다

ich	finde
du	findest
er	findet
wir	finden
ihr	findet
sie	finden

부록 2.
주요동사 변화형 정리
독일어 주요동사 변화형 정리

fragen
[프라겐] 묻다

ich	frage
du	fragst
er	fragt
wir	fragen
ihr	fragt
sie	fragen

geben
[게벤] 주다

ich	gebe
du	gibst
er	gibt
wir	geben
ihr	gebt
sie	geben

gehen
[게엔] 가다

ich	gehe
du	gehst
er	geht
wir	gehen
ihr	geht
sie	gehen

helfen
[헬펜] 돕다

ich	helfe
du	hilfst
er	hilft
wir	helfen
ihr	helft
sie	helfen

heißen
[하이쎈] 부르다

ich	heiße
du	heißt
er	heißt
wir	heißen
ihr	heißt
sie	heißen

hören
[회렌] 듣다

ich	höre
du	hörst
er	hört
wir	hören
ihr	hört
sie	hören

Learn foreign language vocabulary
GERMAN

kaufen
[카우펜] 사다

ich	kaufe
du	kaufst
er	kauft
wir	kaufen
ihr	kauft
sie	kaufen

kommen
[콤멘] 오다

ich	komme
du	kommst
er	kommt
wir	kommen
ihr	kommt
sie	kommen

lesen
[레젠] 읽다

ich	lese
du	liest
er	liest
wir	lesen
ihr	lest
sie	lesen

lieben
[리벤] 사랑하다

ich	liebe
du	liebst
er	liebt
wir	lieben
ihr	liebt
sie	lieben

machen
[마헨] 하다/만들다

ich	mache
du	machst
er	macht
wir	machen
ihr	macht
sie	machen

nehmen
[네멘] 잡다/먹다/취하다

ich	nehme
du	nimmst
er	nimmt
wir	nehmen
ihr	nehmt
sie	nehmen

부록 2.
주요동사 변화형 정리
독일어 주요동사 변화형 정리

öffnen
[외프넨] 열다

ich	öffne
du	öffnest
er	öffnet
wir	öffnen
ihr	öffnet
sie	öffnen

sagen
[자겐] 말하다

ich	sage
du	sagst
er	sagt
wir	sagen
ihr	sagt
sie	sagen

schlafen
[슐라펜] 자다

ich	schlafe
du	schläfst
er	schläft
wir	schlafen
ihr	schlaft
sie	schlafen

sehen
[제엔] 보다

ich	sehe
du	siehst
er	sieht
wir	sehen
ihr	seht
sie	sehen

sprechen
[슈프레헨] 말하다

ich	spreche
du	sprechen
er	sprechen
wir	sprechen
ihr	sprechen
sie	sprechen

wissen
[비쎈] 알다

ich	weiß
du	weißt
er	weiß
wir	wissen
ihr	wisst
sie	wissen

It's a completely new way to **learn foreign language vocabulary** fast and easy.

It's a completely new way to **learn foreign language vocabulary** fast and easy.

국가대표 외국어 단어정복자
MP3 파일자료 무료다운로드 방법!

www. webhard.co.kr 에서
아이디 **bookersbergen**
비번 **9999** 로 로그인

단어정복자 폴더
(폴더 비번 **9999**) 안에
MP3 파일자료가 준비되어 있습니다.